66 매일 성장하는 **초등 자기개발서** 99

w 완자

공부력

❓ 왜 공부력을 키워야 할까요?

쓰기력

정확한 의사소통의 기본기이며 논리의 바탕

연필을 잡고 종이에 쓰는 것을 괴로워한다!
맞춤법을 몰라 정확한 쓰기를 못한다!
말은 잘하지만 조리 있게 쓰는 것이 어렵다!
그래서 글쓰기의 기본 규칙을 정확히 알고
써야 공부 능력이 향상됩니다.

어휘력

교과 내용 이해와 독해력의 기본 바탕

어휘를 몰라서 수학 문제를 못 푼다!
어휘를 몰라서 사회, 과학 내용 이해가 안 된다!
어휘를 몰라서 수업 내용을 따라가기 어렵다!
그래서 교과 내용 이해의 기본 바탕을
다지기 위해 어휘 학습을 해야 합니다.

독해력

모든 교과 실력 향상의 기본 바탕

글을 읽었지만 무슨 내용인지 모른다!
글을 읽고 이해하는 데 시간이 오래 걸린다!
읽어서 이해하는 공부 방식을 거부하려고 한다!
그래서 통합적 사고력의 바탕인 독해 공부로
교과 실력 향상의 기본기를 닦아야 합니다.

계산력

초등 수학의 핵심이자 기본 바탕

계산 과정의 실수가 잦다!
계산을 하긴 하는데 시간이 오래 걸린다!
계산은 하는데 계산 개념을 정확히 모른다!
그래서 계산 개념을 익히고 속도와 정확성을
높이기 위한 훈련을 통해 계산력을 키워야 합니다.

세상이 변해도
배움의 즐거움은
변함없도록

시대는 빠르게 변해도
배움의 즐거움은
변함없어야 하기에

어제의 비상은
남다른 교재부터
결이 다른 콘텐츠
전에 없던 교육 플랫폼까지

변함없는 혁신으로
교육 문화 환경의 새로운 전형을
실현해왔습니다.

비상은 오늘, 다시 한번
새로운 교육 문화 환경을 실현하기 위한
또 하나의 혁신을 시작합니다.

오늘의 내가 어제의 나를 초월하고
오늘의 교육이 어제의 교육을 초월하여
배움의 즐거움을 지속하는 혁신,

바로, 메타인지 기반 완전 학습을.

상상을 실현하는 교육 문화 기업 비상

메타인지 기반 완전 학습
초월을 뜻하는 meta와 생각을 뜻하는 인지가 결합한 메타인지는
자신이 알고 모르는 것을 스스로 구분하고 학습계획을 세우도록 하는
궁극의 학습 능력입니다. 비상의 메타인지 기반 완전 학습 시스템은
잠들어 있는 메타인지를 깨워 공부를 100% 내 것으로 만들도록 합니다.

완자

공부격

초등 한국사 독해
인물편 1

초등 한국사 독해 인물편 한눈에 보기

인물편 1권

		한국사 주요 주제
	단군왕검	❶ 고조선을 건국하다 ❷ 1500년 동안 고조선을 다스리다
	동명 성왕	❶ 알에서 태어난 동명 성왕 ❷ 고구려를 세우다
	온조왕	❶ 고구려를 떠나다 ❷ 백제를 세우다
	근초고왕	❶ 고구려를 공격하다 ❷ 해상 왕국을 건설하다
	광개토 대왕	❶ 영토를 크게 확장하다 ❷ 신라를 도와 왜를 격퇴하다
	장수왕	❶ 남진 정책을 추진하다 ❷ 외교를 통해 안정을 꾀하다
	성왕	❶ 백제를 다시 일으키다 ❷ 한강을 되찾기 위한 노력
	진흥왕	❶ 신라를 강국으로 만들다 ❷ 화랑도를 조직하다
	을지문덕	❶ 수나라와의 전쟁을 위한 준비 ❷ 살수 대첩을 승리로 이끌다
	선덕 여왕	❶ 우리나라 최초의 여왕 ❷ 뛰어난 문화유산을 남기다
	계백	❶ 결사대를 이끌다 ❷ 황산벌에서 신라군과 싸우다
	김유신	❶ 신라의 장군이 된 김유신 ❷ 신라의 삼국 통일에 앞장서다
	김춘추	❶ 최초의 진골 출신 왕 ❷ 외교로 통일의 기반을 닦다
	문무왕	❶ 삼국 통일을 완성하다 ❷ 신라를 수호하는 용이 되다
	대조영	❶ 발해를 세우다 ❷ 고구려 계승 의식을 내세우다
	장보고	❶ 당으로 건너간 장보고 ❷ 해상 무역을 장악하다
	최치원	❶ 문장으로 명성을 떨치다 ❷ 최치원의 재능을 낭비한 신라
	원효	❶ 유학길에 얻은 깨달음 ❷ 불교를 널리 알리다
	견훤	❶ 두 가지 기이한 이야기 ❷ 자신의 손으로 후백제를 무너뜨리다
	궁예	❶ 후고구려를 건국하다 ❷ 미륵불을 자처한 궁예

인물편 2권

		한국사 주요 주제
	왕건	❶ 고려를 세우고 후삼국을 통일하다 ❷ 왕건이 꿈꾼 통치
	광종	❶ 왕권을 안정시킨 광종 ❷ 과거제를 시행하다
	강감찬	❶ 신비한 탄생 이야기 ❷ 거란군을 물리치다
	최무선	❶ 우리나라 최초의 화약 개발 ❷ 진포 대첩에서 왜구를 물리치다
	문익점	❶ 목화 재배에 성공하다 ❷ 의생활을 바꾸다
	정몽주	❶ 왜구로부터 백성들을 구출하다 ❷ 고려의 충신
	이성계	❶ 홍건적을 물리치다 ❷ 조선을 세우다
	정도전	❶ 새로운 나라를 꿈꾸다 ❷ 한양의 설계자
	태종	❶ 왕자의 난을 일으키다 ❷ 조선 왕조의 기틀을 마련하다
	세종	❶ 4군 6진을 개척하다 ❷ 훈민정음을 창제하다
	장영실	❶ 노비 출신으로 벼슬을 얻기까지 ❷ 여러 가지 기구를 만들다
	세조	❶ 계유정난으로 왕위에 오르다 ❷ 왕권 강화를 꾀하다
	신사임당	❶ 재주와 능력이 뛰어났던 신사임당 ❷ 조선의 화가
	이순신	❶ 무과에 합격하다 ❷ 한산도 앞바다에서 왜적을 물리치다
	곽재우	❶ 홍의장군 곽재우 ❷ 정암진 전투에서 승리하다
	권율	❶ 기지를 발휘하다 ❷ 행주 대첩을 승리로 이끌다
	허난설헌	❶ 뛰어난 글쓰기 능력을 보이다 ❷ 조선을 대표하는 문인이 되다
	이황	❶ 끊임없이 성리학을 연구하다 ❷ 조선의 성리학 발전에 힘쓰다
	이이	❶ 구도 장원공, 이이 ❷ 대공수미법을 제안하다
	광해군	❶ 분조를 이끌다 ❷ 평화를 지키기 위한 외교

한국사 주요 주제를 반영한 글감을 통해
풍부한 역사 지식과 독해 실력을 키워요!

특징과 활용법

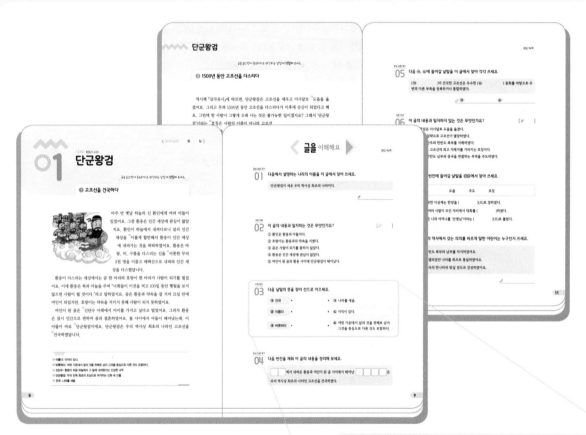

＊ 글을 읽고 문제를 풀면서
   독해 능력을 키워요.
＊ 글의 흐름을 파악하면서 한국사
   주요 사건에 대한 지식을 습득해요.

＊ 글에 나온 한국사 어휘를 다양한
   문제를 통해 재미있게 익혀요.

✅ 책으로 하루 4쪽 공부하며, 초등 독해력을 키워요!

✅ 모바일앱으로 공부한 내용을 복습하고 몬스터를 잡아요!

공부한 내용 확인하기

✳ 20일 동안 공부한 내용을 정리 💡 해 보며 자기의 실력을 확인해요.

모바일앱으로 복습하기

앱 다운받기　　　책 인증하기

✳ 그날 배운 내용을 바로바로,
또는 주말에 모아서 복습하고,
다이아몬드 획득까지! 💎
공부가 저절로 즐거워져요!

차례

우리도 하루 4쪽 공부 습관!
스스로 공부하는 힘을
키워 볼까요?

큰 습관이
지금은 그 친구를 이끌고 있어요.
매일매일의 좋은 습관은 우리를 좋은
곳으로 이끌어줄 거예요.

한 친구가
작은 습관을 만들었어요.

매일매일의 시간이 흘러
작은 습관은 큰 습관이 되었어요.

|시대| 청동기 시대

단군왕검

글을 읽으면서 중요하다고 생각하는 낱말에 색칠해 보세요.

❶ 고조선을 건국하다

아주 먼 옛날 하늘의 신 환인에게 여러 아들이 있었어요. 그중 환웅은 인간 세상에 관심이 많았지요. 환인이 하늘에서 내려다보니 널리 인간 세상을 ^❶이롭게 할만해서 환웅이 인간 세상에 내려가는 것을 허락하였어요. 환웅은 바람, 비, 구름을 다스리는 신을 ^❷비롯한 무리 3천 명을 이끌고 태백산으로 내려와 인간 세상을 다스렸답니다.

환웅이 다스리는 세상에서는 곰 한 마리와 호랑이 한 마리가 사람이 되기를 빌었어요. 이에 환웅은 쑥과 마늘을 주며 "너희들이 이것을 먹고 100일 동안 햇빛을 보지 않으면 사람이 될 것이다."라고 말하였지요. 곰은 환웅과 약속을 잘 지켜 21일 만에 여인이 되었지만, 호랑이는 약속을 지키지 못해 사람이 되지 못하였어요.

여인이 된 곰은 ^❸신단수 아래에서 아이를 가지고 싶다고 빌었어요. 그러자 환웅은 잠시 인간으로 변하여 곰과 결혼하였어요. 둘 사이에서 아들이 태어났는데, 이 아들이 바로 ^❹단군왕검이에요. 단군왕검은 우리 역사상 최초의 나라인 고조선을 ^❺건국하였답니다.

---

❶ **이롭다:** 이익이 있다.
❷ **비롯하다:** 여럿 가운데서 앞의 것을 첫째로 삼아 그것을 중심으로 다른 것도 포함하다.
❸ **신단수:** 환웅이 처음 하늘에서 그 밑에 내려왔다는 신성한 나무
❹ **단군왕검:** 우리 민족 최초의 조상으로 여겨지는 신화 속 인물
❺ **건국:** 나라를 세움.

중심 낱말 찾기

01 다음에서 설명하는 나라의 이름을 이 글에서 찾아 쓰세요.

> 단군왕검이 세운 우리 역사상 최초의 나라이다.

내용 이해

02 이 글의 내용과 일치하는 것은 무엇인가요? [   ]

① 환인은 환웅의 아들이다.

② 호랑이는 환웅과의 약속을 지켰다.

③ 곰은 사람이 되기를 원하지 않았다.

④ 환웅은 인간 세상에 관심이 없었다.

⑤ 여인이 된 곰과 환웅 사이에 단군왕검이 태어났다.

어휘 확인

03 다음 낱말의 뜻을 찾아 선으로 이으세요.

1 건국 • • ㄱ 나라를 세움.

2 이롭다 • • ㄴ 이익이 있다.

3 비롯하다 • • ㄷ 여럿 가운데서 앞의 것을 첫째로 삼아 그것을 중심으로 다른 것도 포함하다.

중심 내용 찾기

04 다음 빈칸을 채워 이 글의 내용을 정리해 보세요.

> ☐☐ 에서 내려온 환웅과 여인이 된 곰 사이에서 태어난 ☐☐☐☐ 은 우리 역사상 최초의 나라인 고조선을 건국하였다.

단군왕검

글을 읽으면서 중요하다고 생각하는 낱말에 색칠해 보세요.

② 1500년 동안 고조선을 다스리다

역사책 『삼국유사』에 따르면, 단군왕검은 고조선을 세우고 아사달로 [6]도읍을 옮겼어요. 그리고 무려 1500년 동안 고조선을 다스리다가 이후에 산신이 되었다고 해요. 그런데 한 사람이 그렇게 오래 사는 것은 불가능한 일이겠지요? 그래서 '단군왕검'이라는 [7]호칭은 사람의 이름이 아니라 고조선의 최고 [8]지배자를 가리킨다는 사실을 짐작할 수 있어요.

한편, 단군왕검의 '단군'은 하늘에 제사를 지내는 사람을 뜻하고, '왕검'은 정치적 지도자를 뜻해요. 이를 통해 단군왕검은 정치와 제사를 모두 담당한 지배자였다는 사실을 알 수 있답니다.

제사장의 복장을 한 단군왕검

장대투겁 · 사슴뿔 · 청동 거울 · 청동 방울

단군왕검이 세운 고조선은 우수한 청동기 문화를 바탕으로 주변의 다른 부족을 정복하거나 [9]통합하면서 세력을 넓혀 나갔어요. 그리하여 만주와 한반도 북부를 지배할 정도로 성장하였지요. 그리고 고조선은 한반도 남부와 중국을 연결하는 무역을 [10]주도하기도 하였어요. 이러한 고조선의 성장에 위협을 느낀 중국의 한나라는 고조선을 침략하였어요. 고조선은 한나라의 군대에 맞서 끈질기게 싸웠지만, 결국 한나라에 [11]멸망하고 말았답니다.

---

[6] **도읍**: 한 나라의 수도
[7] **호칭**: 이름 지어 부름. 또는 그 이름
[8] **지배자**: 남을 지배하거나 지배적인 위치에 있는 사람
[9] **통합**: 둘 이상의 조직이나 기구 등을 하나로 합치는 일
[10] **주도**: 주동적인 처지가 되어 이끎.
[11] **멸망**: 망하여 없어짐.

중심 낱말 찾기
05 다음 ㄱ, ㄴ에 들어갈 낱말을 이 글에서 찾아 각각 쓰세요.

(ㄱ   )이 건국한 고조선은 우수한 (ㄴ   ) 문화를 바탕으로 주변의 다른 부족을 정복하거나 통합하였다.

✎ ㄱ: ㄴ:

내용 이해
06 이 글의 내용과 일치하지 <u>않는</u> 것은 무엇인가요? [✎   ]

① 단군왕검은 아사달로 도읍을 옮겼다.
② 당나라의 침략으로 고조선이 멸망하였다.
③ 고조선은 만주와 한반도 북부를 지배하였다.
④ 단군왕검은 고조선의 최고 지배자를 가리키는 호칭이다.
⑤ 고조선은 한반도 남부와 중국을 연결하는 무역을 주도하였다.

어휘 확인
07 다음 문장의 빈칸에 들어갈 낱말을 보기 에서 찾아 쓰세요.

> **보기**
>
> 도읍   주도   호칭

❶ 조선을 건국한 이성계는 한양을 (   )(으)로 정하였다.
❷ 내 친구는 여러 사람이 모인 자리에서 대화를 (   )하였다.
❸ 가게 점원은 나의 어머니를 '선생님'이라는 (   )(으)로 불렀다.

내용 추론
08 고조선이 우리 역사에서 갖는 의의를 바르게 말한 어린이는 누구인지 쓰세요.

경인	한반도 북부와 남부를 차지하였어요.
승안	분열되었던 나라를 최초로 통일하였어요.
준영	중국의 한나라와 맞설 정도로 강성하였어요.

✎

|시대| 철기 시대

동명 성왕

글을 읽으면서 중요하다고 생각하는 낱말에 색칠해 보세요.

❶ 알에서 태어난 동명 성왕

어느 날 부여의 왕인 금와왕이 길을 가던 도중 강의 신 하백의 딸인 유화 부인을 만났어요. 유화 부인이 슬픈 표정을 하고 있자, 금와왕은 그 ❶연유를 물어보았어요. 그러자 유화 부인은 "저는 천제의 아들인 해모수와 사랑에 빠졌어요. 그런데 집안의 허락 없이 해모수와 결혼하였다가 집에서 쫓겨나고 말았지요."라고 하였답니다.

금와왕은 사정이 ❷딱한 유화 부인을 궁궐로 데리고 왔어요. 얼마 후 따스한 햇볕이 유화 부인을 비추자 유화 부인은 큰 알을 낳았어요. 금와왕은 유화 부인이 낳은 알을 ❸불길하다고 여겨 알을 버리라고 하였어요. 그런데 동물들은 버려진 알을 피하였고, 새는 날개로 알을 품기도 하였어요. 금와왕은 알을 깨뜨리려고 하였으나 실패하고 하는 수 없이 알을 다시 부인에게 돌려주었어요.

얼마 후 알에서 ❹영특한 사내아이가 태어났어요. 이 아이가 훗날 고구려를 세운 동명 성왕이에요. 아이는 활을 쏘면 ❺백발백중이어서 사람들은 아이의 이름을 '활을 잘 쏘는 사람'이라는 뜻에서 '주몽'이라고 불렀답니다.

❶ **연유**: 일의 까닭
❷ **딱하다**: 사정이나 처지가 애처롭고 가엾다.
❸ **불길하다**: 운수 등이 좋지 아니하다.
❹ **영특하다**: 남달리 뛰어나고 훌륭하다.
❺ **백발백중**: 총이나 활 등을 쏠 때마다 겨눈 곳에 다 맞음.

중심 낱말 찾기

01 다음에서 설명하는 인물의 이름을 이 글에서 찾아 쓰세요.

> 동명 성왕의 이름으로 부여에서는 '활을 잘 쏘는 사람'이라는 의미를 지닌다.

내용 이해

02 다음 사건이 일어난 순서에 맞게 번호를 쓰세요.

부여의 금와왕이 유화 부인을 궁궐로 데리고 왔다.

유화 부인은 해모수와 결혼하였다가 집에서 쫓겨났다.

햇볕이 유화 부인을 비추자, 유화 부인은 큰 알을 낳았다.

동명 성왕은 백발백중의 활 솜씨로 주몽이라 불리게 되었다.

어휘 확인

03 다음 낱말의 뜻을 찾아 선으로 이으세요.

1 연유 •   • ㄱ 일의 까닭

2 딱하다 •   • ㄴ 남달리 뛰어나고 훌륭하다.

3 영특하다 •   • ㄷ 사정이나 처지가 애처롭고 가엾다.

중심 내용 찾기

04 다음 빈칸을 채워 이 글의 내용을 정리해 보세요.

> 유화 부인이 낳은 ☐에서 태어난 동명 성왕은 어린 시절부터 ☐쏘기를 잘하여 주몽으로 불렸다.

동명 성왕

글을 읽으면서 중요하다고 생각하는 낱말에 색칠해 보세요.

② 고구려를 세우다

금와왕의 왕자들은 재주가 뛰어난 주몽을 [6]시기해서 죽이려고 하였어요. 이 사실을 안 주몽은 부여에서 도망쳐 나왔지요. 부여에서 쫓아오는 군사들을 피해 도망가던 주몽은 강을 만나 군사들에게 붙잡힐 뻔했어요. 이때 주몽은 "나는 하늘 황제의 손자요, 강의 신 하백의 외손자이다. 지금 강을 건너야 하니 하늘 신과 땅 신은 배와 다리를 마련해 주시오."라고 말하였어요. 그러자 물고기와 자라가 다리를 만들어 주어 주몽은 무사히 강을 건널 수 있었답니다.

주몽은 무리를 이끌고 졸본 지역에 [7]정착하였어요. 이 지역에는 연타발이라는 부족장이 있었어요. 그는 뛰어난 장사 [8]수완으로 재물을 모아 [9]명성을 얻은 사람이었지요. 연타발에게는 소서노라는 딸이 있었는데, 부여에 가족을 두고 온 주몽은 소서노를 두 번째 부인으로 맞이하였어요. 주몽은 소서노의 도움을 받아 힘을 키워 기원전 37년 여러 부족장의 [10]추대를 받아 고구려를 건국하고 동명 성왕이 되었어요. 그리고 고씨를 왕족의 성으로 삼았답니다.

할아버지께서 도와주셨어.

⑥ **시기**: 남이 잘되는 것을 샘하여 미워함.

⑦ **정착**: 일정한 곳에 자리를 잡아 붙박이로 있거나 머물러 삶.

⑧ **수완**: 일을 꾸미거나 치러 나가는 재간

⑨ **명성**: 세상에 널리 퍼져 평판 높은 이름

⑩ **추대**: 윗사람으로 떠받듦.

중심 낱말 찾기

05 이 글의 내용과 일치하도록 괄호 안의 낱말 중 알맞은 것에 ◯표 하세요.

❶ 주몽은 나라를 건국한 이후 [고씨, 김씨]를 왕족의 성으로 삼았다.

❷ 주몽은 소서노의 도움을 받아 힘을 키워 [고조선, 고구려]을/를 건국하였다.

내용 이해

06 이 글의 내용과 일치하지 <u>않는</u> 것은 무엇인가요? [ ]

① 주몽은 연타발의 딸과 혼인하였다.

② 연타발은 재물을 모아 명성을 얻었다.

③ 주몽은 소서노의 도움을 받아 힘을 키웠다.

④ 주몽은 부족장들을 없애고 동명 성왕이 되었다.

⑤ 주몽은 부여에서 도망쳐 나와 졸본 지역에 정착하였다.

어휘 확인

07 다음 문장의 빈칸에 들어갈 낱말을 보기에서 찾아 쓰세요.

보기

명성	수완	정착

❶ 최치원은 당나라 유학 시절 뛰어난 글 솜씨로 (   )을 날렸다.

❷ 여기저기 떠돌아다니던 그 사람은 마침내 이 집에 (   )하였다.

❸ 어머니는 (   )이 뛰어난 사업가로 세계를 무대로 활동하고 있다.

내용 추론

08 이 글을 바탕으로 다음에 해당하는 이야기는 무엇인지 쓰세요.

옛날 사람들은 나라를 세운 왕의 특별함을 강조하기 위해 신비로운 이야기를 지어내기도 하였다. 주몽에 대해서도 고구려를 세울 때 하늘의 도움을 받았다는 것을 강조하기 위한 신비로운 이야기가 전해진다.

| 시대 | 철기 시대

온조왕

글을 읽으면서 중요하다고 생각하는 낱말에 색칠해 보세요.

❶ 고구려를 떠나다

동명 성왕과 혼인하기 전 소서노에게는 두 명의 아들이 있었어요. 첫째의 이름은 비류, 둘째의 이름은 온조였답니다. 소서노는 고구려 건국에서 중요한 역할을 하였기에 고구려의 왕비가 되었고, 비류와 온조도 고구려의 왕자가 되었어요.

동명 성왕은 비류와 온조를 아꼈지만, 부여에 두고 온 아내와 자식도 그리워하였어요. 어느 날 동명 성왕에게 부여에 있던 ❶유리가 찾아왔어요. 그는 동명 성왕이 ❷증표로 두고 간 부러진 칼날을 들고 왔지요. 동명 성왕은 자신이 가지고 있는 나머지 칼날과 맞추어 보고 유리가 자신의 친자식임을 알게 되었어요. 이후 동명 성왕은 유리를 고구려의 ❸태자로 임명하였어요.

새로운 나라를 세우자.

비류와 온조는 고구려의 왕이 될 수 없고, 유리가 자신들을 ❹위협할 수도 있었기에 고구려를 떠나 새로운 나라를 세우기로 ❺결심하였어요. 동명 성왕도 두 아들의 마음을 알기에 떠나는 것을 허락하였지요. 비류와 온조는 어머니를 모시고 자신들을 따르는 많은 백성과 함께 남쪽으로 내려갔답니다.

---

❶ **유리**: 고구려의 두 번째 왕으로 도읍을 졸본에서 국내성으로 옮김.
❷ **증표**: 무엇의 증명이나 증거가 될 만한 표
❸ **태자**: 국왕의 자리를 이을 국왕의 아들
❹ **위협**: 힘으로 으르고 협박함.
❺ **결심**: 할 일에 대하여 어떻게 하기로 마음을 굳게 정함.

중심 낱말 찾기

01 다음 ㄱ, ㄴ에 들어갈 인물을 이 글에서 찾아 각각 쓰세요.

부여에서 동명 성왕의 친자식인 (ㄱ   )가 찾아오면서 소서노의 아들인 비류와 (ㄴ   )는 고구려를 떠나 새로운 나라를 세울 것을 결심하였다.

✏️ ㄱ: ㄴ:

내용 이해

02 이 글의 내용과 일치하지 않는 것은 무엇인가요? [✏️   ]

① 소서노는 고구려의 왕비가 되었다.

② 온조는 고구려의 두 번째 왕이 되었다.

③ 소서노는 두 아들과 함께 고구려를 떠났다.

④ 유리는 부여에서 온 동명 성왕의 아들이다.

⑤ 동명 성왕은 유리를 고구려의 태자로 임명하였다.

어휘 확인

03 다음 뜻을 나타내는 낱말에 ◯표 하세요.

1 국왕의 자리를 이을 국왕의 아들 [왕자 / 태자]

2 무엇의 증명이나 증거가 될 만한 표 [공표 / 증표]

내용 추론

04 다음 사건을 원인과 결과에 맞게 선으로 이으세요.

원인	결과
1 동명 성왕이 유리를 태자로 임명하였다.	ㄱ 비류와 온조는 어머니를 모시고 고구려를 떠났다.
2 유리가 부러진 칼을 들고 동명 성왕을 찾아왔다.	ㄴ 동명 성왕이 유리가 자신의 친자식임을 확인하였다.

온조왕

글을 읽으면서 중요하다고 생각하는 낱말에 색칠해 보세요.

ㄹ 백제를 세우다

남쪽으로 떠난 비류와 온조의 무리는 한강 부근에 이르렀어요. 신하들은 한강 부근의 위례성이 농사가 잘되고 [6]방어하기가 좋은 땅이라고 여겨 이곳에 나라를 세울 것을 [7]건의하였어요. 하지만 비류는 바닷가에 나라를 세울 것을 주장하였지요. 결국 온조만이 신하들의 의견을 [8]수용하여 위례

성을 도읍으로 나라를 건국하였답니다. 나라의 이름은 10명의 신하가 도와주어 국가를 세웠다는 의미로 '십제'라고 하였어요.

한편, 비류는 백성을 나누어 지금의 인천 지역인 미추홀로 가서 자리를 잡았어요. 이 지역은 다른 나라와 [9]교역하기에는 유리하였지만, 땅이 습하고 물이 짜서 곡식이 잘 자라지 않았어요. 오래되지 않아 비류는 미추홀이 백성들이 편안히 살 수 없는 곳임을 깨달았지요.

비류가 죽자, 그의 신하와 백성들은 온조왕에게 함께하기를 [10]간청하였어요. 온조왕은 이들을 모두 받아들여 비류가 세운 국가를 자신의 국가에 통합하였어요. 그리고 모든 백성이 함께한다는 뜻에서 나라 이름을 '백제'라고 고쳤답니다.

---

[6] **방어:** 상대편의 공격을 막음.

[7] **건의:** 개인이나 단체가 의견이나 희망을 내놓음.

[8] **수용:** 어떠한 것을 받아들임.

[9] **교역:** 주로 나라와 나라 사이에서 물건을 사고팔고 하여 서로 바꿈.

[10] **간청:** 어떤 일을 이루기 위하여 간절히 부탁함.

중심 낱말 찾기

05 이 글의 내용과 일치하도록 괄호 안의 낱말 중 알맞은 것에 ○표 하세요.

1 [비류, 온조]는 한강 부근의 위례성을 도읍으로 나라를 세웠다.

2 온조는 비류의 신하와 백성을 받아들인 후 나라 이름을 [백제, 십제]로 고쳤다.

내용 이해

06 이 글의 구조에 따라 ㄱ에 들어갈 내용은 무엇인가요?

[ ]

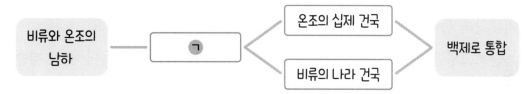

① 부여의 멸망 ② 주몽과 소서노의 혼인

③ 나라 위치를 둘러싼 갈등 ④ 고구려 태자로 임명된 유리

⑤ 환웅 부족과 곰 부족의 연합

어휘 확인

07 다음 문장의 빈칸에 들어갈 낱말을 보기에서 찾아 쓰세요.

보기

교역   방어   수용

1 고구려는 소수림왕 때 중국으로부터 불교를 (   )하였다.

2 육군은 주로 땅 위에서 공격과 (   )의 임무를 수행하는 군대이다.

3 북한과 (   )을/를 활발히 하는 것은 남북 통일에 도움을 줄 수 있다.

중심 내용 찾기

08 다음 빈칸을 채워 이 글의 내용을 정리해 보세요.

온조는 [ ] [ ] [ ]을 도읍으로 삼아 십제를 건국하였다. 이후 [ ] [ ]가 세운

국가의 백성을 받아들이고 나라 이름을 백제라고 고쳤다.

| 시대 | 삼국 시대

근초고왕

글을 읽으면서 중요하다고 생각하는 낱말에 색칠해 보세요.

❶ 고구려를 공격하다

백제는 고구려에 비해 인구나 영토, ❶군사력 등이 ❷열세였어요. 이러한 두 나라의 관계에 큰 변화를 가져온 인물이 근초고왕이랍니다. 백제 제13대 왕인 근초고왕은 비류왕의 둘째 아들로 태어났으며, 30년 동안 백제를 다스렸어요.

근초고왕은 아버지가 왕위를 아들에게 물려주는 제도를 만들어 왕위 계승을 안정시켰어요. 또한 강력한 군대를 이끌고 주변의 여러 나라를 공격하였는데, 마한 지역을 정복하여 농사짓기에 좋은 ❸곡창 지대를 차지하였지요. 백제는 강해진 국력을 바탕으로 고구려와의 ❹일전을 준비해 나갔답니다.

당시 근초고왕의 상대는 고구려의 고국원왕이었어요. 먼저 고구려의 고국원왕이 군사를 이끌고 백제를 공격하자, 근초고왕은 이를 잘 막아 냈어요. 이후 근초고왕이 군사 3만 명을 이끌고 고구려의 평양성을 공격하면서 성을 넘으려는 백제군과 성을 지키려는 고구려군 사이에 전투가 계속 되었어요. 이 전투에서 백제는 평양성을 빼앗지는 못하였지만, 전투 중에 고국원왕을 전사시키고 황해도 일부 지역을 차지하는 ❺성과를 거두었답니다.

❶ **군사력**: 병력·군비·경제력 따위를 종합한, 전쟁을 수행할 수 있는 능력
❷ **열세**: 상대편보다 힘이나 세력이 약함.
❸ **곡창**: 곡식이 많이 생산되는 지방을 비유적으로 이르는 말
❹ **일전**: 한바탕 싸움
❺ **성과**: 이루어 낸 결실

글을 이해해요

정답 99쪽

중심 낱말 찾기

01 다음 ㄱ, ㄴ에 들어갈 인물을 이 글에서 찾아 각각 쓰세요.

> 백제의 (ㄱ   )은 평양성을 공격하여 고구려의 (ㄴ   )을 전사
> 시키는 성과를 거두었다.

✏️ ㄱ: ㄴ:

내용 이해

02 이 글의 내용과 일치하면 ○, 일치하지 않으면 ✕에 표시하세요.

❶ 백제는 고구려를 공격하여 평양성을 빼앗았다. [○ / ✕]

❷ 근초고왕이 즉위할 당시 백제의 군사력은 고구려보다 약하였다. [○ / ✕]

❸ 근초고왕은 아버지가 왕위를 아들에게 물려주는 제도를 만들었다. [○ / ✕]

어휘 확인

03 다음 낱말의 뜻을 찾아 선으로 이으세요.

❶ 성과 •   • ㄱ 한바탕 싸움

❷ 열세 •   • ㄴ 이루어 낸 결실

❸ 일전 •   • ㄷ 상대편보다 힘이나 세력이 약함.

중심 내용 찾기

04 이 글의 중심 내용으로 알맞은 것은 무엇인가요? [✏️   ]

① 근초고왕은 아들에게 왕위를 물려주었다.

② 백제는 고구려에서 갈라져 나온 국가였다.

③ 고구려에 대항하여 백제는 신라와 동맹을 맺었다.

④ 백제는 고구려에 비해 인구나 영토, 군사력이 열세였다.

⑤ 근초고왕은 국력을 키워 고구려의 평양성을 공격하였다.

근초고왕

글을 읽으면서 중요하다고 생각하는 낱말에 색칠해 보세요.

❷ 해상 왕국을 건설하다

가 한반도에서 세력을 확대한 근초고왕은 해외로 눈을 돌렸어요. 중국의 역사책인 『송서』와 『양서』에는 백제가 중국의 요서 지방과 산둥 지방에 [6]진출하였다는 사실이 기록되어 있어요. 이를 바탕으로 백제는 중국의 문물을 수용하며 나라를 발전시켰답니다.

나 근초고왕은 왜와의 교류도 확대하였어요. 당시 일본은 왜라는 이름으로 불리고 있었지요. 백제는 아직기, 왕인 등의 학자들을 왜에 보내 한자, 유교 등의 선진 문화를 전파하였어요. 이 시기 백제는 [7]우호의 증표로 왜의 왕에게 ㉠ 칠지도를 [8]하사하기도 하였어요. 칠지도는 7개의 가지가 달린 칼로, 실제 싸움에 사용되는 칼이 아닌 제사 의식에 사용되는 것이었어요. 이 칼을 통해 백제와 왜가 가까운 관계였다는 것을 짐작할 수 있고, 백제가 수준 높은 금속 공예 기술을 지녔음도 알 수 있답니다.

다 근초고왕의 통치 아래 백제는 한반도 중남부, 중국, 일본에 영향력을 미치는 강력한 해상 왕국으로 발전하였어요. 백제 사람들도 근초고왕이 [9]개척한 길을 따라 바다 건너 중국, 일본, 동남아시아 등지로 진출하였지요. 이 시기 백제는 삼국 중에서 가장 강력한 국가로 [10]부상하였답니다.

---

[6] **진출:** 어떤 방면으로 활동 범위나 세력을 넓혀 나아감.

[7] **우호:** 개인끼리나 나라끼리 서로 사이가 좋음.

[8] **하사:** 임금이 신하에게, 또는 윗사람이 아랫사람에게 물건을 줌.

[9] **개척:** 새로운 영역, 운명, 진로 따위를 처음으로 열어 나감.

[10] **부상:** 어떤 현상이 관심의 대상이 되거나 어떤 사람이 훨씬 좋은 위치로 올라섬.

중심 낱말 찾기
05 이 글의 내용과 일치하도록 괄호 안의 낱말 중 알맞은 것에 ○표 하세요.

1 근초고왕은 우호의 증표로 왜의 왕에게 [칠지도, 금동대향로]를 주었다.

2 근초고왕 시기 백제는 [일본, 중국]의 요서 지방과 산둥 지방에 진출하였다.

내용 이해
06 다음 내용은 이 글의 가 ~ 다 문단 중 어느 문단과 관련이 깊은지 쓰세요.

> 왕인은 백제왕의 명령으로 『논어』와 『천자문』을 가지고 일본으로 건너왔다. 그 후 태자의 스승이 되어 여러 서적을 학습시켰다. 이후 왕인의 자손들은 대대로 역사 기록을 맡은 관리로 일본 조정에 봉사하였다.

어휘 확인
07 다음 문장의 빈칸에 들어갈 낱말을 보기에서 찾아 쓰세요.

보기

| 개척 | 부상 | 우호 |

1 회사의 계약을 성공시킨 그는 다음 번 회장감으로 (   )하였다.

2 다른 학급 친구들과의 (   )을/를 다지기 위해 체육 대회를 열었다.

3 한국 기업들은 외국에서 새로운 시장을 (   )하려고 열을 올리고 있다.

내용 추론
08 ㉠에 해당하는 칼로 알맞은 것의 기호를 쓰세요.

(가)

(나)

(다)

| 시대 | 삼국 시대

05 광개토 대왕

글을 읽으면서 중요하다고 생각하는 낱말에 색칠해 보세요.

❶ 영토를 크게 확장하다

고구려의 제19대 ❶군주인 광개토 대왕은 18세의 어린 나이에 국왕의 자리에 오른 후 활발하게 정복 활동을 펼쳤어요. 광개토 대왕이 ❷즉위한 이후 가장 먼저 공격한 나라는 백제였어요. 백제가 과거 고국원왕을 죽인 원수였기 때문이지요. 광개토 대왕은 남쪽으로 백제를 공격해서 백제의 여러 성을 ❸함락하고 백제의 수도인 한성 부근까지 ❹진격하였어요. 결국 백제가 고구려에 항복하면서 고구려는 한강 북쪽의 땅을 차지하게 되었답니다.

남쪽이 안정되자, 광개토 대왕은 북쪽으로 진출하였어요. 그는 고구려를 여러 차례 침공하였던 북방 국가 후연을 공격하였고, 숙신, 부여, 거란 등을 정복하여 옛 고조선의 영토인 ❺만주 지역을 고구려의 영토로 만들었어요.

광개토 대왕의 정복 활동으로 고구려는 북으로 만주의 헤이룽강, 남으로 한강 이북 지역을 아우르는 강력한 국가로 성장하였어요. 동북아시아의 강대국으로 부상한 것이지요. 사람들은 그를 영토를 크게 넓혔다는 의미에서 '광개토', 크고 위대한 왕이라는 의미에서 '대왕' 또는 '태왕'이라고 부르게 되었답니다.

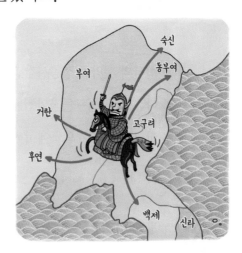

---

❶ **군주**: 세습적으로 나라를 다스리는 최고 지위에 있는 사람
❷ **즉위**: 임금이 될 사람이 예식을 치른 뒤 임금의 자리에 오름.
❸ **함락**: 적의 성, 요새, 진지 등을 공격하여 무너뜨림.
❹ **진격**: 적을 치기 위하여 앞으로 나아감.
❺ **만주**: 동쪽과 북쪽은 러시아와 접해 있고, 남쪽은 압록강과 두만강을 경계로 한반도와 접해 있는 지역

중심 낱말 찾기

01 다음 빈칸에 들어갈 인물을 이 글에서 찾아 쓰세요.

> 고구려 제19대 군주인 (   )의 이름에는 '영토를 크게 넓혔다'는 의미와 '크고 위대한 왕'이라는 의미가 담겨 있다.

✎ _____

내용 이해

02 광개토 대왕이 백제를 공격한 결과를 바르게 말한 어린이는 누구인지 쓰세요.

동주	만주 지역이 고구려 영토가 되었어요.
주순	고구려 고국원왕이 죽임을 당하였어요.
해나	고구려가 한강 북쪽의 땅을 차지하였어요.

✎ _____

어휘 확인

03 다음 낱말의 뜻을 찾아 선으로 이으세요.

1 즉위 •   • ㄱ 적을 치기 위하여 앞으로 나아감.

2 진격 •   • ㄴ 적의 성, 요새, 진지 등을 공격하여 무너뜨림.

3 함락 •   • ㄷ 임금이 될 사람이 예식을 치른 뒤 임금의 자리에 오름.

중심 내용 찾기

04 이 글의 중심 내용으로 알맞은 것은 무엇인가요?　　　[✎　　]

① 고구려는 백제와 사이가 좋지 않았다.
② 광개토 대왕은 어린 나이에 국왕의 자리에 올랐다.
③ 고구려는 북방의 강력한 국가인 후연을 공격하였다.
④ 광개토 대왕은 백제의 수도인 한성 부근까지 진격하였다.
⑤ 광개토 대왕은 활발한 정복 활동으로 고구려의 영토를 크게 넓혔다.

광개토 대왕

글을 읽으면서 중요하다고 생각하는 낱말에 색칠해 보세요.

❷ 신라를 도와 왜를 격퇴하다

가 광개토 대왕의 업적은 그의 아들인 장수왕이 아버지를 ^❻기리기 위해 세운 광개토 대왕릉비에 자세히 기록되어 있어요. 여기에는 당시 고구려와 신라, 그리고 백제와 가야의 관계를 알 수 있는 중요한 기록이 있답니다.

나 광개토 대왕의 공격에 세력이 ^❼위축된 백제는 우호 관계에 있던 왜와 가야를 끌어들여 신라를 공격하였어요. 왜의 군대가 쳐들어오자 신라는 고구려 광개토 대왕에게 도움을 요청하였지요. 이에 광개토 대왕은 5만의 군대를 신라에 ^❽파견하였어요. 고구려의 군대가 신라에 도착하자 왜의 군대는 가야 지역으로 도망쳤지만, 광개토 대왕은 끝까지 추격해서 왜와 가야의 군대를 격파하였답니다.

다 광개토 대왕의 정복 활동이 성공을 거두는 데는 그의 뛰어난 전략과 함께 고구려의 철갑기마병이 큰 역할을 하였어요. 철갑기마병은 쇠로 만든 갑옷인 철갑을 두르고 싸운 병사들이에요. 광개토 대왕은 ^❾원거리에서 활을 쏴서 적의 진형을 흩어지게 한 다음에 긴 창을 든 철갑기마병을 투입하여 적군을 ^❿섬멸하였어요. 개마무사로도 불리는 철갑기마병이 있었기에 광개토 대왕은 수많은 전투에서 승리할 수 있었답니다.

철갑기마병

---

❻ **기리다:** 뛰어난 업적이나 바람직한 정신, 위대한 사람 등을 칭찬하고 기억하다.

❼ **위축:** 어떤 힘에 눌려 졸아들고 기를 펴지 못함.

❽ **파견:** 일정한 임무를 주어 사람을 보냄.

❾ **원거리:** 먼 거리

❿ **섬멸:** 모조리 무찔러 멸망시킴.

05 각 문단의 중심 낱말을 찾아 쓰세요.

가 문단: 광개토 대왕의 업적이 기록된 ☐☐☐☐☐☐

나 문단: ☐☐를 도와 왜를 격파한 광개토 대왕

다 문단: 수많은 전투에서 활약한 ☐☐☐☐

06 이 글의 내용과 일치하지 <u>않는</u> 것은 무엇인가요? [✎]

① 백제는 가야와 우호 관계에 있었다.

② 철갑기마병은 개마무사로도 불렸다.

③ 왜군은 고구려 군대를 피해 백제로 도망쳤다.

④ 고구려군은 신라에 쳐들어온 왜군을 격파하였다.

⑤ 장수왕은 광개토 대왕의 업적을 기념하기 위해 비석을 세웠다.

07 다음 문장의 빈칸에 들어갈 낱말을 **보기**에서 찾아 쓰세요.

보기

섬멸   위축   파견

❶ 정부는 산사태가 일어난 지역에 의료진을 ( )하였다.

❷ 우리나라 독립군은 일본군을 골짜기로 유인하여 ( )하였다.

❸ 전쟁으로 국제 경제가 불안해지면서 국내 경제도 ( )되었다.

08 다음과 같은 상황이 전개된 배경을 이 글의 내용을 바탕으로 쓰세요.

광개토 대왕이 고구려를 다스린 시기에 고구려는 신라에 대한 영향력을 확대하였다.

✎ _____

_____

| 시대 | 삼국 시대

장수왕

글을 읽으면서 중요하다고 생각하는 낱말에 색칠해 보세요.

❶ 남진 정책을 추진하다

광개토 대왕의 뒤를 이어 장수왕이 고구려의 왕이 되었어요. 장수왕은 97세까지 살면서 80년 가까이 고구려를 통치하였어요. 그래서 오래 살았다는 의미로 '장수왕'이라 불리게 되었지요. 그가 ^❶재위하는 동안 고구려는 최고의 ^❷전성기를 맞이하였답니다.

장수왕은 남쪽으로 영토를 넓히려는 ^❸남진 정책을 추진하였어요. 이를 위해 국내성에서 평양성으로의 천도를 ^❹단행하였지요. 평양성은 국내성보다 터가 넓어 사람들이 살기에 좋았고, 백제, 신라의 국경선과 가까운 지역이어서 남진 정책에도 적합하였어요.

고구려의 남진 정책에 위협을 느낀 백제와 신라는 동맹을 맺어 고구려에 ^❺대항하고자 하였어요. 하지만 장수왕은 백제의 수도인 한성을 함락하고, 백제의 개로왕을 죽여 한강 유역을 차지하였어요. 장수왕은 신라도 공격하여 신라의 여러 성을 빼앗고 지금의 경상북도 일부 지역까지 영토를 확장하였지요. 그리고 고구려의 성공적인 남진을 기념하기 위해 충주에 중원 고구려비를 세웠답니다.

❶ **재위:** 임금의 자리에 있음. 또는 그런 동안
❷ **전성기:** 형세나 세력 등이 한창 왕성한 시기
❸ **남진:** 남쪽으로 나아감.
❹ **단행:** 결단하여 실행함.
❺ **대항:** 굽히거나 지지 않으려고 맞서서 버티거나 반항함.

중심 낱말 찾기

01 다음 밑줄 친 '정책'은 무엇인지 이 글에서 찾아 쓰세요.

장수왕은 고구려 영토를 남쪽으로 넓히려는 <u>정책</u>을 추진하였다.

내용 이해

02 다음 사건이 일어난 순서에 맞게 번호를 쓰세요.

장수왕이 백제의 수도 한성을 함락하였다.

고구려의 남진을 기념하는 중원 고구려비를 세웠다.

백제와 신라가 고구려에 대항하기 위해 동맹을 맺었다.

장수왕은 남진 정책을 추진하기 위해 평양성으로 천도하였다.

어휘 확인

03 다음 낱말의 뜻을 찾아 선으로 이으세요.

1 단행 •   • ㄱ 결단하여 실행함.

2 대항 •   • ㄴ 임금의 자리에 있음. 또는 그런 동안

3 재위 •   • ㄷ 굽히거나 지지 않으려고 맞서서 버티거나 반항함.

중심 내용 찾기

04 다음 빈칸을 채워 이 글의 내용을 정리해 보세요.

고구려의 ☐☐☐ 은 남진 정책을 추진하여 영토를 확장하고 이를 기념하기 위해 충주에 ☐☐☐☐☐☐ 를 세웠다.

장수왕

글을 읽으면서 중요하다고 생각하는 낱말에 색칠해 보세요.

② 외교를 통해 안정을 꾀하다

장수왕의 남진 정책이 성공을 거둔 이유 중 하나는 고구려가 [6]북방의 중국과 좋은 관계에 있었기 때문이에요. 광개토 대왕이 정복 활동을 통해 북방을 안정시킨 것과 달리 장수왕은 외교를 통해 북방을 안정시키고, 남쪽으로 진출하는 데 총력을 다할 수 있었던 것이지요.

당시 중국은 여러 나라로 분열된 남북조 시대였어요. 가장 북쪽 지역에는 북연, 그 아래에는 북위, 남쪽 지역에는 송나라가 있었고, 이 세 나라는 끊임없이 싸우는 상황이었어요. 장수왕은 이들 세 나라와 모두 우호 관계를 맺는 한편, 이들의 갈등 관계를 적절하게 이용해서 [7]실리를 챙겼어요. 이러한 적극적인 외교에 힘입어 고구려의 국제적 [8]위상은 매우 높았지요. 그래서 고구려 사신도 중국에서 좋은 대우를 받았답니다.

장수왕의 외교는 백제와의 싸움에서 큰 힘이 되었어요. 고구려에 위협을 느낀 백제의 개로왕은 북위에 사신을 보내 고구려를 공격하기 위한 [9]원군을 요청하였는데, 북위는 이 사실을 오히려 장수왕에게 알려 주었거든요. 이처럼 장수왕의 외교는 고구려가 [10]번영하는 기반이 되었답니다.

---

[6] **북방**: 북쪽 지방
[7] **실리**: 실제로 얻는 이익
[8] **위상**: 어떤 사물이 다른 사물과의 관계 속에서 가지는 위치나 상태
[9] **원군**: 전투에서 자기편을 도와주는 군대
[10] **번영**: 번성하고 영화롭게 됨.

중심 낱말 찾기

05 이 글의 내용과 일치하도록 괄호 안의 낱말 중 알맞은 것에 ○표 하세요.

1 장수왕은 [외교, 전쟁]을/를 통해 북방을 안정시켰다.

2 장수왕은 북연, 북위, 송나라와 [대립, 우호] 관계를 맺었다.

내용 이해

06 이 글의 내용과 일치하지 <u>않는</u> 것은 무엇인가요? [✎   ]

① 북위는 백제에 지원군을 파견하였다.

② 장수왕은 중국과의 관계에서 실리를 챙겼다.

③ 고구려의 사신은 중국에서 좋은 대우를 받았다.

④ 장수왕은 외교를 통해 북방을 안정시키려 하였다.

⑤ 장수왕은 북연, 북위, 송나라와 우호 관계를 맺었다.

어휘 확인

07 다음 문장의 빈칸에 들어갈 낱말을 에서 찾아 쓰세요.

> **보기**
>
> 번영   실리   위상

1 그 집안은 대대손손으로 (   )을/를 누렸다.

2 그는 이번 거래에서 (   )이/가 있는지 확인한 후에 계약하였다.

3 서울 올림픽은 우리나라의 국제적 (   )을/를 높이는 계기가 되었다.

내용 추론

08 장수왕의 외교 정책을 바르게 평가한 어린이는 누구인지 쓰세요.

나희	외세에 지나치게 의존하였어.
문영	전쟁을 하지 않고도 북방을 안정시킬 수 있었어.
한수	송나라와의 외교에 치중하여 다른 북방 국가의 불만을 샀어.

✎ _____

|시대| 삼국 시대

07 성왕

글을 읽으면서 중요하다고 생각하는 낱말에 색칠해 보세요.

❶ 백제를 다시 일으키다

고구려에 수도를 빼앗기고 국력이 크게 약해진 백제는 성왕 때 다시금 일어날 수 있는 ^❶발판을 마련하였어요. 성왕은 아버지 무령왕을 이어 백제의 ^❷부흥을 위한 여러 정책을 시행하였지요. 역사책『삼국사기』에는 성왕이 똑똑하고 ^❸비범하며 ^❹결단력이 있었던 인물이라고 쓰여 있답니다.

성왕은 우선 웅진(지금의 공주)을 떠나 사비(지금의 부여)로 수도를 옮겼어요. 웅진은 방어에는 유리하였으나 땅이 비좁았는데, 사비는 농사지을 땅이 넓고 옆으로 흐르는 백강이 깊어 다른 나라들과 교류하기 좋았기 때문이에요. 성왕은 사비를 새로운 수도로 삼아 백제의 부흥을 이끌려고 하

였지요. 백제가 사비성에 자리잡고 항구를 만들자, 중국과 일본뿐만 아니라 서역의 먼 나라들도 이곳을 오갔답니다.

성왕은 백제의 뿌리가 부여에 있음을 강조하기 위해 나라 이름을 '남부여'로 바꾸고, 고구려와의 전쟁에 ^❺전력을 다할 준비를 하였어요. 성왕의 노력 덕분에 백제는 예전의 영광을 꿈꿀 수 있는 나라로 성장해 갔답니다.

❶ 발판: 다른 곳으로 진출하기 위하여 이용하는 수단을 비유적으로 이르는 말
❷ 부흥: 쇠퇴하였던 것이 다시 일어남. 또는 그렇게 되게 함.
❸ 비범: 보통 수준보다 훨씬 뛰어남.
❹ 결단력: 결정적인 판단을 하거나 단정을 내릴 수 있는 능력
❺ 전력: 오로지 한 가지 일에 온 힘을 다함.

01 이 글의 내용과 일치하도록 괄호 안의 낱말 중 알맞은 것에 ◯표 하세요.

❶ 성왕은 [사비, 웅진](으)로 수도를 옮겼다.

❷ 성왕은 나라 이름을 [남부여, 후백제]로 바꾸었다.

내용 이해

02 성왕이 사비를 새로운 수도로 삼은 까닭으로 알맞은 것은 무엇인가요? [✎   ]

① 사비가 웅진보다 방어에 유리하였기 때문에

② 백제의 뿌리가 부여에 있다는 사실을 강조하기 위해서

③ 아버지인 무령왕이 사비로의 천도를 명령하였기 때문에

④ 고구려와 가까운 곳으로 이동하여 우호 관계를 맺기 위해서

⑤ 사비는 옆으로 흐르는 백강이 깊어 다른 나라들과 교류하기 좋았기 때문에

어휘 확인

03 다음 문장의 빈칸에 들어갈 낱말을 보기에서 찾아 쓰세요.

> **보기**
>
> 부흥   비범   전력

❶ 그 가수는 (   )한 노래 실력을 가지고 있다.

❷ 정부는 경제 (   )을 위한 새로운 정책을 발표하였다.

❸ 다운이는 체육 대회에서 1등을 하기 위해 (   )을 다하였다.

내용 추론

04 이 글을 참고하여 다음 자료의 밑줄 친 '왕'은 누구인지 쓰세요.

> 왕의 이름은 명농이니 무령왕의 아들이었다. 지혜와 식견이 뛰어나고 일을 처리함에 결단성이 있었다. 무령왕이 죽고 왕위에 올랐다.   – 『삼국사기』

✎ _____

성왕

글을 읽으면서 중요하다고 생각하는 낱말에 색칠해 보세요.

ㄹ 한강을 되찾기 위한 노력

성왕은 백제의 ^⑥숙원 과제였던 한강 유역을 되찾기 위해 노력하였어요. 그는 옛 수도가 있었던 한강 유역을 회복해야 백제의 영광을 ^⑦재현할 수 있다고 생각하였거든요. 그런데 고구려의 군사력은 강하였기 때문에 백제는 동맹 관계에 있던 신라와 함께 연합군을 ^⑧편성하였답니다.

백제와 신라의 연합군은 고구려의 남평양을 공격하여 ^⑨기선을 제압하였어요. 그리고 여러 전투를 거쳐 한강 북쪽 지역으로 고구려 군대를 몰아냈지요. 백제와 신라는 미리 약속한 대로 백제가 한강 하류 지역을 차지하고, 신라가 한강 상류 지역을 차지하였어요. 백제는 다시금 근초고왕 시기의 영광을 되찾는 듯 보였어요.

하지만 신라의 진흥왕이 백제군을 기습 공격하여 한강의 모든 지역을 차지해 버렸어요. 이에 성왕은 가야, 왜와 연합군을 결성하고 신라의 관산성을 공격하였지요. 이를 관산성 전투라고 해요. 관산성 전투 초기에는 백제의 연합군이 우세하였어요. 그러나 성왕이 관산성에 오는 길목에 ^⑩매복해 있던 신라군에게 목숨을 잃어, 백제의 부흥도 물거품이 되고 말았답니다.

백제의 왕을 잡았다!

---

⑥ **숙원**: 오래전부터 품어 온 염원이나 소망
⑦ **재현**: 다시 나타남. 또는 다시 나타냄.
⑧ **편성**: 예산·조직·대오 따위를 짜서 이룸.
⑨ **기선**: 운동 경기나 싸움 따위에서 상대편의 세력이나 기세를 억누르기 위하여 먼저 행동하는 것
⑩ **매복**: 상대편의 동태를 살피거나 불시에 공격하려고 일정한 곳에 몰래 숨어 있음.

중심 낱말 찾기

05 다음 밑줄 친 '이곳'은 어디인지 이 글에서 찾아 쓰세요.

> • 백제는 신라와 연합군을 편성하여 고구려를 공격하고 이곳의 하류 지역을 차지하였다.
> • 신라의 진흥왕이 백제군을 기습 공격하여 이곳의 모든 지역을 차지해 버리자, 백제의 성왕은 가야, 왜와 연합군을 결성하고 신라의 관산성을 공격하였다.

✎ _____

내용 이해

06 다음 내용이 맞으면 ◯, 틀리면 ✕에 표시하세요.

❶ 성왕 시기 백제는 단독으로 고구려를 한강 유역에서 몰아냈다. [◯ / ✕]

❷ 성왕이 신라군을 기습 공격하여 한강의 모든 지역을 차지하였다. [◯ / ✕]

❸ 백제와 신라의 연합군은 고구려를 공격하여 백제는 한강 하류 지역을, 신라는 한강 상류 지역을 차지하기로 약속하였다. [◯ / ✕]

어휘 확인

07 다음 낱말의 뜻을 찾아 선으로 이으세요.

1 기선 •　　　　　• ㉠ 오래전부터 품어 온 염원이나 소망

2 매복 •　　　　　• ㉡ 상대편의 동태를 살피거나 불시에 공격하려고 일정한 곳에 몰래 숨어 있음.

3 숙원 •　　　　　• ㉢ 운동 경기나 싸움 따위에서 상대편의 세력이나 기세를 억누르기 위하여 먼저 행동하는 것

중심 내용 찾기

08 다음 빈칸을 채워 이 글의 내용을 정리해 보세요.

> 백제의 ☐☐ 은 신라와 연합하여 고구려로부터 한강 하류를 되찾았으나, 신라의 진흥왕에게 이를 다시 빼앗기고 ☐☐☐ 전투에서 사망하였다.

| 시대 | 삼국 시대

진흥왕

글을 읽으면서 중요하다고 생각하는 낱말에 색칠해 보세요.

① 신라를 강국으로 만들다

신라는 고구려, 백제보다 발전이 ^❶더디게 진행되었어요. ^❷왜구가 ^❸빈번히 해안가를 침략하였고, 중국과 직접 교류하기 힘든 지역에 위치해서 선진 문물을 수용하는 데에도 어려움을 겪었기 때문이에요. 이러한 상황에서 국왕의 자리에 오른 진흥왕은 신라를 강국으로 만들고자 하였어요.

진흥왕은 백제와 함께 고구려를 공격하여 한강 유역을 빼앗고 한강 상류를 차지하였어요. 당시 한강 유역은 농사를 짓기 알맞고 사람과 물자의 이동이 편리한 교통의 ^❹요지인 데다 중국과 교류를 할 수 있는 중요한 길목이었지요. 이에 진흥왕은 과감하게 동맹을 깨고 백제를 공격하여 한강 하류의 땅까지 차지하였어요. ㉠ 한강 유역을 모두 점령한 신라는 이제 한반도에서 ^❺주도권을 잡게 되었답니다.

또한 진흥왕은 남쪽으로는 대가야를 정복하여 가야 연맹을 소멸시켰고, 북쪽으로는 함흥평야까지 영토를 확장하였어요. 그 결과 진흥왕 시기 신라는 건국 이래 최대 영토를 가지게 되었어요. 진흥왕은 새로 영토가 된 지역을 둘러보고, 국경 곳곳에 순수비를 세웠답니다.

한강 유역을 직접 돌아본 것을 기념하여 순수비를 세웠소.

서울 북한산 신라 진흥왕 순수비

---

❶ **더디다**: 어떤 움직임이나 일에 시간이 오래 걸리다.
❷ **왜구**: 우리나라 해안을 무대로 약탈을 일삼던 일본 해적
❸ **빈번히**: 번거로울 정도로 거듭하는 횟수가 잦게
❹ **요지**: 정치, 문화, 교통, 군사 따위의 핵심이 되는 곳
❺ **주도권**: 주동적인 위치에서 이끌어 나갈 수 있는 권리나 권력

중심 낱말 찾기
01 이 글의 내용과 일치하도록 괄호 안의 낱말 중 알맞은 것에 ◯표 하세요.

❶ [성왕, 진흥왕]은 한강 유역 전체를 차지하였다.

❷ 진흥왕 이전에 신라는 고구려, 백제보다 발전이 [더디게, 빠르게] 진행되었다.

내용 이해
02 신라 진흥왕의 업적으로 알맞은 것을 보기 에서 모두 골라 기호를 쓰세요.

> **보기**
>
> ㉠ 대가야를 정복하였다.
> ㉡ 백제와 동맹을 끝까지 지켰다.
> ㉢ 함흥평야까지 영토를 확장하였다.
> ㉣ 고구려와 함께 백제를 공격하였다.

✎ _____

어휘 확인
03 다음 낱말의 뜻을 찾아 선으로 이으세요.

❶ 요지 •   • ㉠ 번거로울 정도로 거듭하는 횟수가 잦게

❷ 빈번히 •   • ㉡ 정치, 문화, 교통, 군사 따위의 핵심이 되는 곳

❸ 주도권 •   • ㉢ 주동적인 위치에서 이끌어 나갈 수 있는 권리나 권력

내용 추론
04 ㉠이 신라에 끼친 영향을 바르게 짐작한 어린이는 누구인지 쓰세요.

경은	왜구의 침략이 중단되었을 거야.
우주	백제와 다시 동맹을 맺게 되었을 거야.
진희	중국과 직접 교류하여 선진 문물을 수용하였을 거야.

✎ _____

진흥왕

글을 읽으면서 중요하다고 생각하는 낱말에 색칠해 보세요.

② 화랑도를 조직하다

나라가 발전하기 위해서는 인재가 필요해요. 특히, 신라와 같이 국력이 약하고 발전도 더딘 나라에서는 ^⑥유능하고 똑똑한 인재가 매우 소중하였지요. 그래서 진흥왕은 나라를 이끌어 나갈 인재들을 ^⑦양성하기 위해 청소년 단체인 화랑도를 만들었어요.

화랑도는 ^⑧용모가 단정하고 ^⑨품행이 우수하여 '꽃다운 사내'로 뽑힌 화랑과 그를 따르는 낭도로 이루어졌어요. 보통 화랑은 3~4명, 많게는 7~8명이었고, 이를 따르는 낭도는 수천 명이었어요. 화랑과 낭도는 경치 좋은 ^⑩산천을 돌아다니며 공부를 하고 무예를 갈고닦았어요. 화랑은 낭도들과 어울려 생활하면서 끈끈한 관계를 맺었고, 이를 바탕으로 지도자의 자질을 기를 수 있었답니다.

진흥왕 때 만들어진 화랑도는 이후 신라가 삼국을 통일하는 과정에서 중요한 역할을 하였어요. 대표적인 화랑으로는 통일 전쟁을 이끈 김유신과 황산벌 전투에서 활약한 관창 등이 있었어요. 이들의 뛰어난 활약 덕에 훗날 신라는 삼국을 통일할 수 있었답니다.

⑥ **유능**: 어떤 일을 남들보다 잘하는 능력이 있음.

⑦ **양성**: 가르쳐서 유능한 사람을 길러 내거나 실력·역량 따위를 길러서 발전시킴.

⑧ **용모**: 사람의 얼굴 모양

⑨ **품행**: 품성과 행실을 아울러 이르는 말

⑩ **산천**: 산과 내를 아울러 이르는 말

중심 낱말 찾기

05 다음에서 설명하는 단체를 이 글에서 찾아 쓰세요.

진흥왕 때 만들어진 청소년 단체로, 화랑과 그를 따르는 낭도로 이루어졌다.

✏ _____

내용 이해

06 이 글의 내용과 일치하면 ○, 일치하지 않으면 ✕에 표시하세요.

❶ 김유신은 낭도 출신이었다. [○ / ✕]

❷ 화랑도는 인재를 양성하기 위해 만들어졌다. [○ / ✕]

어휘 확인

07 다음 문장의 빈칸에 들어갈 낱말을 보기 에서 찾아 쓰세요.

> 보기
>
> 양성   용모   품행

❶ 내 친구는 (   )이/가 바르고 선생님들께 인사도 잘한다.

❷ 사범 대학은 훌륭한 교육자의 (   )을/를 목적으로 한다.

❸ 그의 (   )을/를 보아서는 그가 어느 나라 사람인지 알기 어려웠다.

내용 추론

08 이 글과 다음 자료를 통해 짐작한 사실로 적절한 것은 무엇인가요? [   ]

화랑은 보통 신라에서 신분이 가장 높은 진골 귀족에서 뽑혔다. 그리고 낭도는 진골 귀족보다 신분이 낮은 귀족부터 평민까지 다양한 신분으로 이루어졌다. 화랑과 낭도는 서로 어울려 다니면서 끈끈한 유대감을 쌓아 나갔다.

① 귀족은 낭도가 될 수 없었을 거야.

② 화랑도는 전쟁에는 참여하지 않았을 거야.

③ 삼국 통일 이전에 화랑도는 폐지되었을 거야.

④ 화랑은 나라 전체에서 1명만 될 수 있었을 거야.

⑤ 화랑도는 신분 간 갈등이 완화되는 데 기여하였을 거야.

|시대| 삼국 시대
을지문덕

글을 읽으면서 중요하다고 생각하는 낱말에 색칠해 보세요.

❶ 수나라와의 전쟁을 위한 준비

을지문덕이 활동할 당시 국제 정세는 긴박하게 돌아갔어요. 6세기 말 수나라가 여러 나라로 분열되었던 중국 지역을 하나로 통일하고, 외부로 ❶팽창하는 정책을 추진하였기 때문이에요. 그동안 중국의 분열을 이용하여 독자적인 세력을 유지하던 고구려는 새롭게 등장한 수나라에 맞서는 대책을 세워야 하였어요.

고구려는 수나라의 침공에 대비하여 북쪽의 초원 지대에 있는 ❷돌궐과 동맹을 맺었어요. 그리고 수나라의 영토인 요서 지방을 선제공격하기도 하였어요. 이를 시작으로 고구려와 수나라 간의 긴 전쟁이 벌어졌답니다.

을지문덕이 고구려군을 이끌 당시 수나라는 양제가 지배하였어요. 양제는 아버지 문제가 30만 군대로 고구려 원정에 나섰다가 실패한 사실을 ❸본보기로 삼아 무려 100만이 넘는 대군을 동원하여 고구려를 공격하였답니다.

고구려의 ❹명운이 걸려 있는 전쟁이기에 고구려 영양왕은 믿음직한 을지문덕에게 이번 전쟁을 맡겼어요. 을지문덕은 적의 군사가 많은 만큼 ❺보급 문제가 생길 것이라고 예상하고, 이를 공략할 수 있는 전략을 수립해 나갔어요.

---

❶ 팽창: 수량이 본디의 상태보다 늘어나거나 범위, 세력 따위가 본디의 상태보다 커지거나 크게 발전함.

❷ 돌궐: 6세기 중엽부터 약 200년 동안 북방의 초원 지역을 지배한 터키계 유목 민족. 또는 그 국가

❸ 본보기: 본을 받을 만한 대상 또는 어떤 사실을 설명하거나 증명하기 위하여 내세워 보이는 대표적인 것

❹ 명운: 앞으로의 생존과 사망, 또는 존속과 멸망에 관한 처지

❺ 보급: 물자나 자금 따위를 계속해서 대어 줌.

중심 낱말 찾기

01 이 글의 내용과 일치하도록 괄호 안의 낱말 중 알맞은 것에 ○표 하세요.

❶ 고구려는 [북위, 수나라]의 침공에 대비하여 돌궐과 동맹을 맺었다.

❷ 수나라의 [문제, 양제]는 100만이 넘는 대군을 동원해 고구려를 공격하였다.

내용 이해

02 이 글의 내용과 일치하지 <u>않는</u> 것은 무엇인가요? [✎   ]

① 6세기 말 수나라가 중국을 통일하였다.

② 고구려가 수나라의 요서 지방을 선제공격하였다.

③ 영양왕은 을지문덕에게 수나라와의 전쟁을 맡겼다.

④ 고구려는 수나라 문제의 침입을 막아 내지 못하였다.

⑤ 고구려는 수나라의 침공에 대비하여 돌궐과 동맹을 맺었다.

어휘 확인

03 다음 낱말의 뜻을 찾아 선으로 이으세요.

❶ 명운 •

❷ 팽창 •

❸ 본보기 •

• ㄱ 앞으로의 생존과 사망, 또는 존속과 멸망에 관한 처지

• ㄴ 수량이 본디의 상태보다 늘어나거나 범위, 세력 등이 본디의 상태보다 커지거나 크게 발전함.

• ㄷ 본을 받을 만한 대상 또는 어떤 사실을 설명하거나 증명하기 위하여 내세워 보이는 대표적인 것

중심 내용 찾기

04 다음 빈칸을 채워 이 글의 내용을 정리해 보세요.

수나라의 ☐☐ 가 100만이 넘는 대군을 동원해 고구려를 침입해 오자 고구려의 ☐☐☐☐ 은 수나라를 공략할 수 있는 전략을 수립해 나갔다.

을지문덕

글을 읽으면서 중요하다고 생각하는 낱말에 색칠해 보세요.

② 살수 대첩을 승리로 이끌다

수나라 군대는 고구려의 요동성을 공격하였어요. 하지만 고구려 군대가 성 밖으로 나오지 않고 방어에 ⁶주력하여 수군은 고구려 성을 함락하지 못하였어요. 별다른 성과 없이 전쟁이 길어지자, 수나라의 양제는 ⁷별동대를 조직하여 고구려 수도인 평양성을 직접 공격하게 하였답니다.

수나라 군대가 평양성을 향해 진격하자, 을지문덕은 청야 ⁸전술을 사용하였어요. 청야 전술이란 적이 사용할 만한 식량과 물자를 전부 없애 버리는 전술이에요. 사람들은 들판이나 집 안에 있는 곡식을 모두 불태우고 성에 들어가 끈질기게 버티었어요. 수나라 군대는 고구려 영토에서 굶주린 상태로 진격할 수밖에 없었지요.

을지문덕은 또다른 ⁹기지를 발휘하였어요. 그는 정면 대결을 피하고 작은 싸움을 걸거나, 도망치는 척하면서 수나라 군대를 지치게 하였어요. 오랜 기간의 이동과 굶주림으로 지쳐 있던 수나라 군대는 결국 고구려에서 ¹⁰철수하기로 결정하였어요. 때를 엿보던 을지문덕은 철수하던 수나라 군대를 살수에서 기습 공격하여 크게 승리하였어요. 이 전투가 612년에 일어난 살수 대첩이에요.

⑥ **주력**: 어떤 일에 온 힘을 기울임.
⑦ **별동대**: 작전을 위하여 본대에서 따로 떨어져 나와 독자적으로 행동하는 부대
⑧ **전술**: 전쟁 또는 전투 상황에 대처하기 위한 기술과 방법
⑨ **기지**: 경우에 따라 재치 있게 대응하는 지혜
⑩ **철수**: 진출하였던 곳에서 시설이나 장비 따위를 거두어 가지고 물러남.

중심 낱말 찾기

05 다음에서 설명하는 사건을 이 글에서 찾아 쓰세요.

> 을지문덕의 고구려군이 철수하는 수나라 군대를 살수에서 크게 격파한 전투이다.

✎ _____

내용 이해

06 다음은 수나라와 고구려의 전쟁 과정을 정리한 것이에요. ㉠에 들어갈 내용으로 알맞은 것은 무엇인가요? [✎]

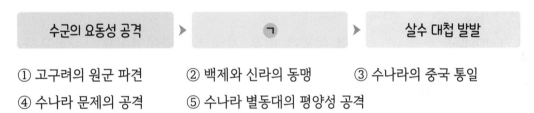

| 수군의 요동성 공격 | ▶ | ㉠ | ▶ | 살수 대첩 발발 |

① 고구려의 원군 파견　　② 백제와 신라의 동맹　　③ 수나라의 중국 통일
④ 수나라 문제의 공격　　⑤ 수나라 별동대의 평양성 공격

어휘 확인

07 다음 문장의 빈칸에 들어갈 낱말을 보기에서 찾아 쓰세요.

> **보기**
>
> 기지　　　주력　　　철수

❶ 그는 (　　　　　)을/를 발휘하여 위기에서 벗어났다.

❷ 시위가 끝나자 경찰들은 현장에서 (　　　　)하였다.

❸ 과거 우리나라 정부는 수출을 늘리는 데 (　　　　)하였다.

내용 추론

08 고구려가 수나라 군대를 물리칠 수 있었던 까닭을 잘못 말한 어린이는 누구인지 쓰세요.

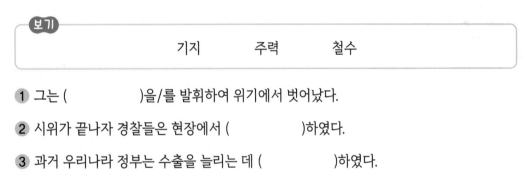

민기	고구려 백성들이 동참하였기 때문이에요.
세희	을지문덕의 뛰어난 전략이 있었기 때문이에요.
희준	백제와 신라가 고구려를 도와주었기 때문이에요.

✎ _____

10

|시대| 삼국 시대

선덕 여왕

글을 읽으면서 중요하다고 생각하는 낱말에 색칠해 보세요.

❶ 우리나라 최초의 여왕

선덕 여왕은 우리나라 역사상 최초의 여왕이에요. 신라에서는 ❶성골 출신이 임금이 되었는데, 진평왕에게 아들이 없었기 때문에 딸인 덕만 공주가 왕위에 올라 선덕 여왕이 되었어요.

꽃에 나비가 없군.

선덕 여왕은 매우 지혜로운 왕이었어요. 『삼국유사』에 쓰인 다음 이야기에서 이를 엿볼 수 있지요. 어느 날 당나라의 황제 태종이 선덕 여왕에게 모란꽃이 그려진 그림과 모란꽃의 씨앗을 보내 왔어요. 선덕 여왕은 그림을 본 후 이 씨앗에서 난 꽃은 향기가 없을 것이라고 ❷예언하였는데, 진짜로 꽃에서 향기가 나지 않았어요. 놀란 신하들이 선덕 여왕에게 그렇게 생각한 연유를 묻자, 여왕은 그림 속에 나비가 없기 때문이라고 대답하였답니다.

선덕 여왕은 신라의 위기에도 지혜롭게 대처하였어요. 당시 고구려와 백제는 본격적으로 신라를 공격해 왔어요. 이에 선덕 여왕은 김유신을 대장군으로 임명하여 백제의 공격에 대처하는 한편, 당나라와의 ❸외교를 강화해서 신라가 ❹고립되는 상황을 피하고자 하였지요. 이러한 노력에 힘입어 이후 신라와 당나라의 동맹이 더욱 ❺군건해질 수 있었답니다.

---

❶ **성골**: 신라의 신분제인 골품 제도 중 가장 최상위에 있는 신분으로, 부모가 모두 왕족인 사람이 될 수 있었음.

❷ **예언**: 앞으로 다가올 일을 미리 알거나 짐작하여 말함.

❸ **외교**: 다른 나라와 정치적, 경제적, 문화적 관계를 맺는 일

❹ **고립**: 다른 사람과 어울리어 사귀지 아니하거나 도움을 받지 못하여 외톨이로 됨.

❺ **군건하다**: 뜻이나 의지가 굳세고 건실하다.

중심 낱말 찾기

01 이 글의 내용과 일치하도록 괄호 안의 낱말 중 알맞은 것에 ○표 하세요.

1 선덕 여왕은 [성골, 진골] 출신으로 왕위에 올랐다.

2 선덕 여왕은 고구려와 백제의 공격에 대처하기 위해 [당나라, 수나라]와의 외교를 강화하였다.

내용 이해

02 다음 자료의 ㄱ, ㄴ에 들어갈 낱말을 이 글에서 찾아 각각 쓰세요.

> 여러 신하들이 선덕 여왕에게 아뢰었다. "어떻게 (ㄱ   )꽃에 향기가 없는지 아셨습니까?" 왕이 대답하였다. "꽃을 그렸는데 (ㄴ   )가 없으므로 그 향기가 없는 것을 알 수 있었다. 이것은 당나라 임금이 나에게 짝이 없는 것을 희롱한 것이다."
> — 『삼국유사』

🖉 ㄱ: ㄴ:

어휘 확인

03 다음 낱말의 뜻을 찾아 선으로 이으세요.

1 고립 •   • ㄱ 앞으로 다가올 일을 미리 알거나 짐작하여 말함.

2 예언 •   • ㄴ 다른 나라와 정치적, 경제적, 문화적 관계를 맺는 일

3 외교 •   • ㄷ 다른 사람과 어울리어 사귀지 아니하거나 도움을 받지 못하여 외톨이로 됨.

중심 내용 찾기

04 다음 빈칸을 채워 이 글의 내용을 정리해 보세요.

> 신라의 □□□□ 은 우리나라 역사상 최초의 여왕으로, □□롭게 나라를 다스렸다.

선덕 여왕

글을 읽으면서 중요하다고 생각하는 낱말에 색칠해 보세요.

② 뛰어난 문화유산을 남기다

선덕 여왕이 나라를 통치한 시기에 신라는 어려움을 많이 겪었어요. ^⑥대외적으로 고구려와 백제가 자주 침략하였고, 내부에서는 여자가 왕이 된 것을 못마땅하게 여긴 사람들이 반란을 일으켰기 때문이에요. 선덕 여왕은 이러한 ^⑦국난을 극복하고 왕의 권위를 바로 세우기 위해 첨성대와 황룡사 9층 목탑 등을 만들었어요.

첨성대는 하늘의 별, 해와 달의 모습을 ^⑧관측하는 시설로 추정하고 있어요. 선덕 여왕은 첨성대를 통해 국가의 ^⑨길흉을 점치고, 자신이 하늘의 뜻에 따라 신라를 통치하고 있다는 것을 백성에게 보여 주고자 하였지요. 한편, 세계에서 가장 오래된 천문대인 첨성대는 신라의 과학 기술 수준이 얼마나 뛰어났는지를 보여 준답니다.

황룡사에 세워진 황룡사 9층 목탑은 당시 경주 시내 어디에서나 보일 정도로 ^⑩웅장하였다고 해요. 목탑의 9개 층은 신라 주변의 백제, 왜, 말갈 등의 9개 나라를 의미하였는데, 이 탑을 세움으로써 이웃 나라들의 침략을 막고 신라가 ^⑪강성해질 것이라고 믿었어요. 하지만 안타깝게도 고려 시대에 몽골이 침입하면서 황룡사가 불타 버려 현재는 황룡사 9층 목탑을 볼 수 없답니다.

⑥ **대외적**: 나라나 사회의 외부에 관련되는 것
⑦ **국난**: 나라가 존립하기 어려울 정도로 위태로운 나라 전체의 어려움
⑧ **관측**: 육안이나 기계로 자연 현상 특히 천체나 기상의 상태, 추이, 변화 따위를 관찰하여 측정하는 일
⑨ **길흉**: 운이 좋고 나쁨.
⑩ **웅장하다**: 규모 따위가 거대하고 성대하다.
⑪ **강성하다**: 힘이 강하고 번성하다.

중심 낱말 찾기

05 다음에서 설명하는 문화유산을 이 글에서 찾아 쓰세요.

선덕 여왕 때 세운 목탑으로, 목탑의 9개 층은 신라 주변의 9개 나라를 의미하였다.

내용 이해

06 이 글의 내용과 일치하지 <u>않는</u> 것은 무엇인가요? [✎]

① 첨성대를 통해 국가의 길흉을 점쳤다.

② 황룡사 9층 목탑은 국난을 극복하기 위해 만들었다.

③ 선덕 여왕이 나라를 통치한 시기에 신라는 평화로웠다.

④ 황룡사 9층 목탑의 9개 층은 주변 9개 나라를 의미한다.

⑤ 첨성대를 통해 신라의 뛰어난 과학 기술을 확인할 수 있다.

어휘 확인

07 다음 문장의 빈칸에 들어갈 낱말을 에서 찾아 쓰세요.

보기

| 관측 | 국난 | 웅장 |

❶ 우리 국민은 힘을 합하여 (   )을 슬기롭게 극복하였다.

❷ 천문학자들은 천체를 (   )하며 우주의 모습을 연구한다.

❸ 흥선 대원군은 원래의 모습보다 더 (   )하게 경복궁을 다시 지었다.

내용 추론

08 선덕 여왕이 황룡사 9층 목탑, 첨성대와 같은 문화유산을 만든 이유를 바르게 짐작한 어린이는 누구인지 쓰세요.

단지	불교를 억압하고 유교를 진흥하려고 했던 것 같아.
은희	지방에서 성장하는 호족을 자신의 편으로 끌어들이려고 한 것 같아.
해준	여왕으로서의 한계를 극복하고 국왕의 권위를 보여 주려고 한 것 같아.

|시대| 삼국 시대

계백

글을 읽으면서 중요하다고 생각하는 낱말에 색칠해 보세요.

❶ 결사대를 이끌다

가 백제의 마지막 왕이었던 의자왕은 젊은 시절에는 유능한 국왕이었어요. 하지만 의자왕은 점차 사치와 ^❶향락에 빠져 나랏일을 멀리하였고, 바른말을 하는 ^❷충신보다는 듣기 좋은 달콤한 말만 하는 ^❸간신배들을 가까이하였어요. 백제의 국력은 점점 약해질 수밖에 없었지요.

나 그러던 중 신라와 당나라 연합군이 백제에 쳐들어왔어요. 연합군이 ^❹파죽지세로 수도인 사비 부근까지 진격해 오자, 다급해진 의자왕은 계백을 전쟁의 책임자로 임명하고 연합군을 막으라고 명하였어요. 계백은 전쟁에 나설 병사들을 모집하였지만, 그 숫자가 오천 명밖에 되지 않았어요. 당시 당나라 군대를 빼도 신라군만 오만 명에 달하였기 때문에 계백은 백제의 ^❺패망을 어느 정도 예감하였답니다.

다 계백은 전쟁에 나서기 전에 가족들을 불러 모았어요. ㉠그는 이 자리에서 적의 노비가 되어 살아가느니 차라리 죽는 것이 더 낫다고 말하고, 아내와 자식들을 직접 죽였어요. 그리고 목숨을 버릴 것을 맹세한 오천 명의 결사대를 이끌고 신라군과 대결하기 위해 황산벌로 향하였어요.

---

❶ **향락:** 쾌락을 누림.

❷ **충신:** 나라와 임금을 위하여 충성을 다하는 신하를 이름.

❸ **간신배:** 간사한 신하의 무리

❹ **파죽지세:** 대나무를 쪼개는 기세라는 뜻으로, 적을 거침없이 물리치고 쳐들어가는 기세를 이르는 말

❺ **패망:** 싸움에 져서 망함.

글을 이해해요

정답 106쪽

중심 낱말 찾기

01 각 문단의 중심 낱말을 찾아 쓰세요.

가 문단: 백제 [ ][ ][ ] 의 몰락

나 문단: [ ][ ] 와 당나라 연합군의 백제 공격

다 문단: 결사대를 이끌고 전쟁에 나서는 [ ][ ]

내용 이해

02 이 글의 내용과 일치하면 ○, 일치하지 않으면 ✕에 표시하세요.

① 의자왕은 점차 간신배보다 충신을 가까이하였다. [○ / ✕]

② 계백은 신라군과 싸우기 위해 오천 명의 결사대를 모았다. [○ / ✕]

③ 고구려와 신라의 연합군이 백제를 공격하여 백제가 위기에 처하였다. [○ / ✕]

어휘 확인

03 다음 낱말의 뜻을 찾아 선으로 이으세요.

① 패망 •   • ㄱ 쾌락을 누림.

② 향락 •   • ㄴ 싸움에 져서 망함.

③ 파죽지세 •   • ㄷ 대나무를 쪼개는 기세라는 뜻으로, 적을 거침 없이 물리치고 쳐들어가는 기세를 이르는 말

내용 추론

04 ㉠ 행동을 평가한 의견 중 다른 입장을 가진 어린이는 누구인지 쓰세요.

경수   계백이 혼자만의 생각으로 가족들을 죽인 것은 잔혹한 일이야.

유빈   계백이 자신도 나라를 위해 죽을 각오를 하였다는 것을 보여 준 행동이야.

찬영   계백은 가족이 포로로 잡혀 노비가 되는 것보다는 자신의 손에 죽는 것이 낫다고 생각한 거야.

계백

글을 읽으면서 중요하다고 생각하는 낱말에 색칠해 보세요.

② 황산벌에서 신라군과 싸우다

　황산벌 싸움에는 백제의 운명이 걸려 있었어요. 당시 당나라의 군대는 바다를 통해, 신라의 군대는 ^⑥육로를 따라 백제의 수도 사비로 오고 있었어요. 계백의 결사대는 사비의 ^⑦지척에 있는 황산벌에서 신라군의 진격을 막아야 하였지요. 계백은 황산벌에 먼저 도착해서 수비하기 좋은 곳을 골라 목책을 세우고, 신라군을 기다렸어요.

　황산벌에 도착한 신라군의 공격으로, 계백이 이끄는 오천 명의 결사대와 김유신이 이끄는 오만 명의 신라군 사이에 전투가 시작되었어요. 백제군은 신라군보다 훨씬 적었지만, 계백의 결사대는 죽음을 각오하고 ^⑧악착같이 싸워 네 차례의 전투에서 모두 승리하였어요.

　전투에서 잇달아 패하자, 신라군의 ^⑨사기는 크게 떨어졌어요. 이때 신라에서 관창과 같은 나이 어린 화랑들이 나섰어요. 몇 차례나 홀로 적진을 향해 뛰어든 관창이 끝내 백제에 목숨을 잃자, 이를 본 신라군의 사기가 다시 높아졌어요. 결국 계백의 결사대는 신라군의 총공격을 막지 못하였고, 계백도 전투 중에 목숨을 잃고 말았어요. 이 전투 이후 신라, 당나라 연합군에 사비가 함락되면서 백제는 역사의 ^⑩뒤안길로 사라지게 되었답니다.

백제

어린 소년이구나.

나는 신라의 용맹한 화랑이오!

---

⑥ **육로**: 육상으로 난 길

⑦ **지척**: 아주 가까운 거리

⑧ **악착**: 일을 해 나가는 태도가 매우 모질고 끈덕짐. 또는 그런 사람

⑨ **사기**: 의욕이나 자신감 따위로 충만하여 굽힐 줄 모르는 기세

⑩ **뒤안길**: 다른 것에 가려서 관심을 끌지 못하는 쓸쓸한 생활이나 처지

정답 106쪽

05 이 글의 내용과 일치하도록 괄호 안의 낱말 중 알맞은 것에 ○표 하세요.

1 계백의 백제군과 김유신의 신라군은 [사비, 황산벌]에서 전쟁을 벌였다.

2 황산벌 전투에서 [백제, 신라]는 몇 차례 승리하였으나, 결국 패배하였다.

내용 이해
06 다음 글의 빈칸에 들어갈 인물을 이 글에서 찾아 쓰세요.

> (   )이 적진에 돌입하여 용감하게 싸웠으나, 계백이 그를 사로잡아 머리를 베어 말 안장에 매달아 돌려보냈다. 이를 본 신라군이 죽음을 각오하고 진격하니 백제 군이 대패하였다.

어휘 확인
07 다음 문장의 빈칸에 들어갈 낱말을 보기 에서 찾아 쓰세요.

> **보기**
>
> 악착   지척   뒤안길

1 그는 돈이 되는 일이라면 무엇이든지 (   )스럽게 달려들었다.

2 남북 분단으로 고향을 (   )에 두고도 못 가는 사람들이 생겼다.

3 디지털 카메라가 발전하면서 필름 카메라는 역사의 (   )(으)로 사라져 갔다.

중심 내용 찾기
08 이 글의 중심 내용으로 알맞은 것은 무엇인가요?

① 김유신은 신라의 대군을 지휘하였다.

② 신라 화랑의 활약으로 전세가 역전되었다.

③ 신라와 당나라의 공격으로 백제가 멸망하였다.

④ 황산벌 전투에서 신라군은 백제군보다 훨씬 더 많았다.

⑤ 계백의 결사대는 신라군에 끈질기게 맞서 싸웠으나 끝내 패하였다.

12

| 시대 | 삼국 시대

김유신

글을 읽으면서 중요하다고 생각하는 낱말에 색칠해 보세요.

❶ 신라의 장군이 된 김유신

김유신은 신라에서 태어났지만 그 집안은 ^❶금관가야의 왕족 출신이었어요. 신라 법흥왕이 금관가야를 ^❷병합할 때 김유신의 가문도 신라로 들어온 것이에요. 김유신의 가문은 신라의 진골 귀족에 ^❸편입되었지만, 기존의 진골 귀족과 비교해 차별을 받았답니다.

김유신은 화랑 시절에 친구들과 술을 마시고 즐기는 데 빠진 적이 있었어요. 특히 천관이라는 기생과 사랑에 빠져 그 기생의 술집을 자주 출입하였지요. 김유신의 어머니는 그를 꾸짖었고, 김유신은 다시는 천관에게 가지 않겠다고 맹세하였어요. 그런데 어느 날 김유신이 술에 취해 말 위에서 잠이 들자, 말은 그동안 익숙하게 드나들던 천관의 집으로 갔어요. 잠에서 깬 김유신은 어머니 말씀을 어긴 것에 분노하여 말의 목을 베어 버리고, 그곳을 떠났답니다.

이후 김유신은 무예를 갈고닦아 신라의 장군이 되었어요. 그는 여러 전투에서 뛰어난 ^❹공을 세웠어요. 특히, 선덕 여왕 시기에 비담이 일으킨 반란을 진압하면서 자신의 정치적 ^❺입지를 확실하게 굳혔답니다.

---

❶ **금관가야:** 김해 지역에서 수로왕이 세운 나라로 한때 가야 연맹의 우두머리로 활약함.

❷ **병합:** 둘 이상의 기구나 단체, 나라 따위가 하나로 합쳐짐. 또는 그렇게 만듦.

❸ **편입:** 이미 짜인 한 동아리나 대열 따위에 끼어 들어감.

❹ **공:** 노력과 수고를 들여 일을 마치거나 그 목적을 이룬 결과

❺ **입지:** 개인이나 단체가 차지하고 있는 기반이나 지위

중심 낱말 찾기

01 다음에서 설명하는 인물을 이 글에서 찾아 쓰세요.

> 신라의 장군이 되어 여러 전투에서 뛰어난 공을 세웠으며, 선덕 여왕 말에 일어난 비담의 난을 진압하였다.

내용 이해

02 이 글의 내용과 일치하면 ◯, 일치하지 않으면 ✕에 표시하세요.

1 김유신의 집안은 원래 금관가야의 왕족이었다. [◯ / ✕]

2 김유신은 어머니의 말을 거역하고 천관과 계속 만났다. [◯ / ✕]

어휘 확인

03 다음 문장의 빈칸에 들어갈 낱말을 보기에서 찾아 쓰세요.

> **보기**
>
> 공   입지   편입

1 이순신 장군은 임진왜란에서 큰 (   )을/를 세웠다.

2 유득공은 『발해고』를 써서 발해를 우리나라 역사에 (   )시켰다.

3 갑신정변이 실패하면서 이를 주도한 급진 개화파의 (   )이/가 좁아졌다.

내용 추론

04 김유신이 신라에서 권력을 강화할 수 있었던 까닭을 바르게 짐작한 어린이는 누구인지 쓰세요.

민수 김유신의 가문이 가야 출신이었기 때문이야.

승현 김유신이 천관이라는 기생과 사랑에 빠졌기 때문이야.

초희 김유신이 무예에 뛰어나 여러 전투에서 공을 세웠기 때문이야.

김유신

글을 읽으면서 중요하다고 생각하는 낱말에 색칠해 보세요.

② 신라의 삼국 통일에 앞장서다

김유신 옆에는 언제나 김춘추가 함께 있었어요. 김유신은 일찍이 김춘추를 왕이 될 인물로 보고 자신의 여동생을 시집보내 그와 ^⑥사돈 관계를 맺었어요. 그리고 진덕 여왕이 죽은 후, 자신이 거느린 막강한 군대를 바탕으로 김춘추가 왕위에 오르는 데 결정적인 ^⑦공헌을 하였답니다.

김춘추가 당나라와 동맹을 맺고 백제를 공격하자, 김유신은 대장군으로서 신라군을 이끌었어요. 그는 황산벌에서 계백의 결사대를 무너뜨리고 백제를 멸망시켰어요. 김유신은 김춘추가 죽고 문무왕이 즉위한 이후에도 삼국 통일에 힘을 보탰어요. 신라가 고구려 ^⑧원정에 나서자 식량 ^⑨수송 작전을 펼쳤으며, 백제 부흥을 꾀하는 세력을 격파하였지요. 고구려가 멸망한 이후 문무왕은 김유신의 공을 ^⑩치하하며, 그에게 신라 최고의 관직을 내려 주었어요.

김유신은 평생 동안 한 번의 전투도 지지 않은 무적의 장군으로, 백성들의 칭송을 받았어요. 김유신이 79세의 나이로 세상을 떠났을 때, 문무왕은 성대하게 장례를 지내도록 하였어요. 또한 신라의 42대 흥덕왕은 왕을 한 적이 없는 김유신을 흥무대왕으로 ^⑪추존하고, 김유신의 후손을 왕족으로 대우해 주었답니다.

김유신에 대한 온나라 사람들의 칭송이 지금까지도 계속되고 있다. ―「삼국사기」

---

⑥ **사돈**: 혼인으로 맺어진 관계
⑦ **공헌**: 힘을 써 이바지함.
⑧ **원정**: 먼 곳으로 싸우러 나감.
⑨ **수송**: 기차나 자동차, 배, 항공기 따위로 사람이나 물건을 실어 옮김.
⑩ **치하**: 주로 윗사람이 아랫사람에게 하는 행위로, 남이 한 일에 대하여 고마움이나 칭찬의 뜻을 표시함.
⑪ **추존**: 왕위에 오르지 못하고 죽은 이에게 임금의 칭호를 주던 일

중심 낱말 찾기

05 이 글의 내용과 일치하도록 괄호 안의 낱말 중 알맞은 것에 ◯표 하세요.

1 김유신은 죽은 뒤에 [문무왕, 흥무대왕]으로 추존되었다.

2 김유신은 [계백, 김춘추]와/과 함께 신라의 삼국 통일에 주도적인 역할을 하였다.

내용 이해

06 김유신에 대한 설명으로 알맞지 <u>않은</u> 것은 무엇인가요? [✎]

① 흥무대왕으로 추존되었다.

② 계백의 결사대를 물리쳤다.

③ 진덕 여왕에 이어 왕위에 올랐다.

④ 평생 동안 전투에서 진 적이 없다.

⑤ 여동생을 김춘추에게 시집보냈다.

어휘 확인

07 다음 낱말의 뜻을 찾아 선으로 이으세요.

1 공헌 • • ㄱ 힘을 써 이바지함.

2 원정 • • ㄴ 먼 곳으로 싸우러 나감.

3 치하 • • ㄷ 주로 윗사람이 아랫사람에게 하는 행위로 남이 한 일에 대하여 고마움이나 칭찬의 뜻을 표시함.

내용 추론

08 이 글을 읽고 신라가 삼국 통일을 할 수 있었던 힘에 대해 말한 내용으로 가장 적절한 것은 무엇인가요? [✎]

① 일본에서 지원군이 파견되었기 때문이야.

② 김유신의 가문을 왕족으로 삼았기 때문이야.

③ 흥덕왕이 신라의 군사력을 강화하였기 때문이야.

④ 김유신과 같은 뛰어난 장수들이 활약하였기 때문이야.

⑤ 백제와 고구려가 서로를 공격하면서 국력이 약해졌기 때문이야.

13

|시대| 삼국 시대

김춘추

글을 읽으면서 중요하다고 생각하는 낱말에 색칠해 보세요.

❶ 최초의 진골 출신 왕

김춘추는 신라의 진골 귀족이었지만, 그의 할아버지가 왕위에서 쫓겨난 진지왕이었기 때문에 다른 귀족들에게 그다지 인정받지 못하였어요. 하지만 김유신은 김춘추의 재능을 알아보고, 그와 더욱 끈끈한 관계를 만들고 싶어 한 가지 ❶묘수를 냈어요.

김유신은 김춘추와 ❷축국을 하다가 김춘추의 옷을 일부러 밟아 찢어지게 하였어요. 그리고 여동생 문희에게 그 옷을 꿰매 주라고 시켰지요. 이 일을 계기로 김춘추는 문희와 사랑에 빠져 혼인을 하고, 김춘추와 김유신은 사돈이 되어 서로를 의지하는 사이가 되었답니다.

진덕 여왕이 죽자, 신라에서 최상위 신분인 성골이 사라졌어요. 김춘추는 김유신의 군사력을 등에 업고 화백 회의에서 왕으로 ❸추대되었어요. 비로소 김춘추는 진골 출신 중 최초로 왕위에 오른 태종 무열왕이 되었어요.

51세의 늦은 나이에 왕이 된 태종 무열왕에게는 시간이 많지 않았어요. 그래서 그는 젊은 시절 김유신과 함께 꿈꾸었던 삼국 통일의 ❹대업을 ❺달성하기 위해 통일 전쟁에 나섰답니다.

---

❶ **묘수:** 누구나 생각할 수 없는 절묘한 수

❷ **축국:** 예전에, 장정들이 공을 땅에 떨어뜨리지 않고 차던 놀이

❸ **추대:** 윗사람으로 떠받듦.

❹ **대업:** 위대한 일이나 업적

❺ **달성:** 목적한 것을 이룸.

중심 낱말 찾기

01 다음 ㄱ, ㄴ에 들어갈 낱말을 이 글에서 찾아 각각 쓰세요.

> (ㄱ)의 군사력을 등에 업고 화백 회의에서 왕으로 추대된 김춘추는
> (ㄴ) 출신 중 최초로 신라의 왕이 된 인물이었다.

✎ ㄱ: ㄴ:

내용 이해

02 이 글의 내용과 일치하는 것은 무엇인가요?   [✎   ]

① 진덕 여왕이 죽으면서 진골이 사라졌다.
② 김춘추는 김유신의 여동생과 혼인하였다.
③ 김춘추는 진덕 여왕을 제거하고 왕위에 올랐다.
④ 김유신은 김춘추가 왕이 되는 것을 원하지 않았다.
⑤ 김춘추의 할아버지는 신라의 전성기를 이끈 진흥왕이었다.

어휘 확인

03 다음 낱말의 뜻을 찾아 선으로 이으세요.

1 대업 •   • ㄱ 윗사람으로 떠받듦.

2 묘수 •   • ㄴ 위대한 일이나 업적

3 추대 •   • ㄷ 누구나 생각할 수 없는 절묘한 수

내용 추론

04 이 글을 읽고 신라의 신분 제도에 대해 바르게 이해한 어린이는 누구인지 쓰세요.

> 성일   성골 중에 남자만 왕이 될 수 있었구나.
> 지윤   성골이 사라지면서 진골도 왕이 될 수 있었구나.
> 한영   신분보다는 능력에 따라 누구나 왕이 될 수 있었구나.

✎

김춘추

글을 읽으면서 중요하다고 생각하는 낱말에 색칠해 보세요.

ㄹ 외교로 통일의 기반을 닦다

가 선덕 여왕 시기 김춘추는 백제에 깊은 ^⑥원한을 가지게 되었어요. 백제 의자왕의 공격으로 대야성이 함락되었는데, 이때 자신의 딸과 사위가 죽었기 때문이에요. 김춘추는 신라가 백제에 당한 원한을 갚기 위해 ^⑦동분서주하며 외교 활동을 펼쳤어요.

나 김춘추는 고구려로 갔어요. 그런데 고구려는 신라가 점령한 한강 상류 지역을 반환하면 신라를 도와주겠다고 하였어요. 김춘추는 이를 거절하였고, 감옥에 갇혀 있다가 ^⑧구사일생으로 탈출하였답니다.

다 이후 김춘추는 고구려 정복에 거듭 실패한 당나라로 갔어요. 김춘추는 당나라 태종에게 당나라와 신라의 동맹이 왜 필요한지 적극적으로 ^⑨역설하였어요. 결국 두 나라는 대동강 이북 지역을 당나라가 가져가는 조건으로 동맹을 체결하였는데, 이를 나당 동맹이라고 해요.

신라와 당나라가 연합하여 고구려와 백제를 공격합시다.

그렇게 된다면 대동강 이북의 영토를 가져가겠습니다.

라 김춘추가 왕위에 오르자 통일 전쟁이 본격적으로 시작되었어요. 당나라와 신라의 군대는 백제의 수도를 함락하고 의자왕의 항복까지 받아 냈어요. 김춘추는 ^⑩염원하던 백제의 멸망을 보았지만, 삼국 통일의 마지막 모습까지는 보지 못한 채 눈을 감고 말았답니다.

---

⑥ **원한:** 억울하고 원통한 일을 당하여 응어리진 마음

⑦ **동분서주:** 동쪽으로 뛰고 서쪽으로 뛴다는 뜻으로, 사방으로 이리저리 몹시 바쁘게 돌아다님을 이르는 말

⑧ **구사일생:** 아홉 번 죽을 뻔하다 한 번 살아난다는 뜻으로, 죽을 고비를 여러 차례 넘기고 겨우 살아남을 이르는 말

⑨ **역설:** 자기의 뜻을 힘주어 말함.

⑩ **염원:** 마음에 간절히 생각하고 기원함.

중심 낱말 찾기

05 이 글의 내용과 일치하도록 괄호 안의 낱말 중 알맞은 것에 ○표 하세요.

1 김춘추는 [백제, 고구려]의 멸망까지 보고 눈을 감았다.

2 김춘추의 [군사, 외교] 활동으로 신라는 당나라와 동맹을 맺게 되었다.

내용 이해

06 다음 내용과 관련이 있는 문단은 가 ~ 라 문단 중 어느 문단인지 쓰세요.

> 김춘추가 말하기를, "만약 폐하께서 당나라의 군사를 빌려주어 백제의 흉악한 무리를 없애지 않는다면 저희 백성은 모두 포로가 될 것이며, 산 넘고 바다 건너 당나라를 섬기러 오는 일도 다시는 할 수 없을 것입니다."라고 하였다. 태종이 이를 옳다고 여겨 당나라 군대의 출동을 허락하였다.

어휘 확인

07 다음 문장의 빈칸에 들어갈 낱말을 보기 에서 찾아 쓰세요.

보기

| 역설 | 구사일생 | 동분서주 |

1 이순신은 조선 수군의 전력을 강화하기 위해 (   )하였다.

2 무인도에 있었던 남자는 지나가던 배를 만나 (   )(으)로 구출되었다.

3 총리는 국가의 어려움을 극복하기 위해서는 국민 모두가 절약하는 생활을 해야 한다고
(   )하였다.

중심 내용 찾기

08 다음 빈칸을 채워 이 글의 내용을 정리해 보세요.

> 신라의 김춘추는 외교 활동을 통해 [　][　][　]와 동맹을 맺고, [　][　] 전쟁
> 을 벌여 백제를 멸망시켰다.

| 시대 | 삼국 시대

14 문무왕

글을 읽으면서 중요하다고 생각하는 낱말에 색칠해 보세요.

❶ 삼국 통일을 완성하다

　문무왕은 태종 무열왕의 뒤를 이어 신라의 왕이 되었어요. 그리고 삼국 통일의 대업을 ^❶완수하는 데 힘을 기울였답니다.

　문무왕이 즉위한 시기에는 멸망한 백제의 부흥 세력이 계속해서 저항하였어요. 문무왕은 김유신을 대장군으로 임명하고 군사를 보내 백제의 부흥 운동을 ^❷진압하였어요. 그리고 당나라의 군대가 고구려를 공격하자, 남쪽에서 군대를 이끌고 올라가 평양성을 함락하고 고구려의 항복을 받아 냈어요.

　문무왕은 당나라와 연합하여 고구려를 ^❸평정하고 통일을 완성하는 듯하였어요. 하지만 당나라는 신라와의 약속을 어기고, 고구려 땅은 물론 백제의 옛 땅에까지 관청을 설치하고 직접 통치하려 하였지요. 한반도 전체를 지배하려는 ^❹야욕을 드러낸 것이에요.

　이에 문무왕은 당나라를 한반도에서 몰아내기 위한 나당 전쟁을 시작하였어요. 이 전쟁에서 승리한 신라는 당나라를 ^❺축출하고, 옛 백제의 영토와 고구려 땅 일부를 지배하게 되었지요. 마침내 문무왕은 진정한 의미의 삼국 통일을 이루게 된 것이에요.

---

❶ **완수**: 뜻한 바를 완전히 이루거나 다 해냄.
❷ **진압**: 강압적인 힘으로 억눌러 진정시킴.
❸ **평정**: 적을 쳐서 자기에게 예속되게 함.
❹ **야욕**: 자기 잇속만 채우려는 더러운 욕심
❺ **축출**: 쫓아내거나 몰아냄.

중심 낱말 찾기

01 다음에서 설명하는 인물을 이 글에서 찾아 쓰세요.

태종 무열왕 다음에 신라의 왕이 되어 삼국 통일을 완수하였다.

내용 이해

02 다음 사건이 일어난 순서에 맞게 번호를 쓰세요.

문무왕이 신라의 왕이 되었다.

나당 전쟁에서 신라가 승리하였다.

신라가 백제의 부흥 운동을 진압하였다.

신라와 당나라가 고구려의 평양성을 함락하였다.

어휘 확인

03 다음 낱말의 뜻을 찾아 선으로 이으세요.

1 완수 •   • ㄱ 쫓아내거나 몰아냄.

2 축출 •   • ㄴ 적을 쳐서 자기에게 예속되게 함.

3 평정 •   • ㄷ 뜻한 바를 완전히 이루거나 다 해냄.

중심 내용 찾기

04 다음 빈칸을 채워 이 글의 내용을 정리해 보세요.

문무왕은 고구려를 평정한 후 한반도 전체를 차지하려는 ☐☐☐ 를 한반도에서 몰아내어 진정한 의미의 ☐☐☐☐ 을 이루었다.

문무왕

글을 읽으면서 중요하다고 생각하는 낱말에 색칠해 보세요.

② 신라를 수호하는 용이 되다

삼국 통일의 [6]위업을 완수한 문무왕은 681년에 숨을 거두었어요. 그런데 문무왕은 죽어서도 신라의 바다를 [7]수호하는 용이 되고 싶다며 자신을 동쪽 바다에 묻어달라는 [8]유언을 남겼어요. 자신이 죽은 이후에도 신라가 평안하기를 바랐기 때문이에요.

문무왕의 아들인 신문왕은 아버지의 뜻에 따라 동해 바다에서 문무왕의 장례를 치렀어요. 경상북도 경주시 양북면 봉길리 앞바다에는 대왕암이라는 바위섬이 있는데, 이곳을 문무왕의 무덤일 것이라고 짐작하고 있어요.

한편, 문무왕은 동해로 자주 쳐들어오는 왜구들을 부처님의 힘으로 막고자 절을 짓기 시작하였어요. 이 절은 신문왕 때 완성되어 '감은사'라고 이름 지어졌어요. 감은사에는 문무왕과 관련된 [9]설화가 전해져요. 어느 날 바다의 큰 용이 된 문무왕의 [10]분부를 받은 용 한 마리가 감은사 앞에 나타나 신문왕에게 대나무 피리를 전해 주었어요. 일명 만파식적이라고 불리는 이 피리를 불기만 하면 적이 물러가고 질병이 나으며 거센 파도도 잔잔해졌다고 해요. 이 설화를 보면 문무왕이 신라의 평안을 간절히 바랐다는 것을 짐작할 수 있어요.

내가 죽으면 나를 동쪽 바다에 묻어 주기 바란다.

---

[6] **위업**: 위대한 사업이나 업적

[7] **수호**: 지키고 보호함.

[8] **유언**: 죽음에 이르러 말을 남김. 또는 그 말

[9] **설화**: 각 민족 사이에 전승되어 오는 신화, 전설, 민담 따위를 통틀어 이르는 말

[10] **분부**: 윗사람이 아랫사람에게 명령이나 지시를 내림. 또는 그 명령이나 지시

정답 109쪽

05 다음에서 설명하는 문화유산을 이 글에서 찾아 쓰세요.

> 경상북도 경주시 양북면 봉길리 앞바다에 있는 바위섬으로, 문무왕의 무덤으로 짐작하고 있다.

✎ _____

내용 이해

06 이 글의 내용과 일치하지 <u>않는</u> 것은 무엇인가요? [✎   ]

① 문무왕은 삼국 통일을 완수하였다.

② 대왕암은 신문왕의 무덤으로 짐작하고 있다.

③ 감은사에는 만파식적과 관련된 설화가 전해진다.

④ 문무왕은 자신을 동쪽 바다에 묻으라는 유언을 남겼다.

⑤ 감은사는 문무왕 때 짓기 시작해서 신문왕 때 완성되었다.

어휘 확인

07 다음 문장의 빈칸에 들어갈 낱말을 보기에서 찾아 쓰세요.

> **보기**
>
> 분부   수호   위업

❶ 세종 대왕은 한글 창제의 (   )을/를 남겼다.

❷ 그 사람은 평생을 세계 평화 (   )에 몸담았다.

❸ 우리는 사또의 (   )을/를 받고 죄인들을 한성으로 데리고 갔다.

내용 추론

08 이 글을 통해 짐작할 수 있는 사실을 바르게 말한 어린이는 누구인지 쓰세요.

> 동우   신문왕은 아버지의 유언을 지키지 못하였구나.
>
> 명일   문무왕은 신라의 안위를 걱정하고 돌보았구나.
>
> 해진   신라에서는 바위로 만든 무덤이 유행하였구나.

✎ _____

|시대| 남북국 시대

대조영

글을 읽으면서 중요하다고 생각하는 낱말에 색칠해 보세요.

❶ 발해를 세우다

고구려 멸망 이후 당나라는 고구려 ❶유민들을 당나라로 강제 ❷이주시켰어요. 당시 당나라에는 거란족, 말갈족 등이 함께 살았는데, 이들은 가혹한 통치로 많은 고통을 받았어요. 결국 걸걸중상과 걸사비우가 고구려 유민과 말갈족을 이끌고 당나라에 대항해 군사를 일으켰어요. 하지만 당나라와 싸우는 중에 걸걸중상과 걸사비우가 죽었고, 걸걸중상의 아들 대조영이 무리를 ❸통솔하게 되었답니다.

대조영은 당나라와 거란족이 전투를 벌이는 틈을 타서 동쪽으로 진군하였어요. 그는 뛰어난 ❹용병술로 자신들을 추격하는 당나라 군대를 계곡으로 유인해서 크게 격파하였어요. 그리고 무리와 함께 만주에 있는 동모산 부근에 도착하였지요.

대조영은 동모산에 성을 쌓고, 이곳을 도읍으로 삼아 발해를 건국하였어요. 대조영이 나라를 세웠다는 소문이 퍼지자, 옛 고구려 땅에 살던 고구려의 유민들이 발해로 몰려들었지요. 당나라도 발해를 정복할 ❺여력이 되지 않자, 대조영을 발해의 왕으로 인정하였어요.

---

❶ 유민: 망하여 없어진 나라의 백성
❷ 이주: 개인이나 종족, 민족 따위의 집단이 본래 살던 지역을 떠나 다른 지역으로 이동하여 정착함.
❸ 통솔: 무리를 거느려 다스림.
❹ 용병술: 전쟁에서, 군사를 지휘하여 전투를 승리로 이끌기 위한 여러 가지 방법이나 기술
❺ 여력: 어떤 일에 주력하고 아직 남아 있는 힘

글을 이해해요

중심 낱말 찾기

01 이 글의 내용과 일치하도록 괄호 안의 낱말 중 알맞은 것에 ○표 하세요.

❶ [김춘추, 대조영]은/는 발해를 건국하였다.

❷ 고구려 멸망 이후 당나라는 고구려 유민들을 [신라, 당나라]로 강제 이주시켰다.

내용 이해

02 다음 사건이 일어난 순서에 맞게 번호를 쓰세요.

대조영이 동모산에 성을 쌓고 발해를 건국하였다.

당나라는 고구려 유민들을 당나라로 강제 이주시켰다.

대조영이 당나라의 군대를 계곡으로 유인해 격파하였다.

걸걸중상과 걸사비우가 당나라에 대항하여 군사를 일으켰다.

어휘 확인

03 다음 낱말의 뜻을 찾아 선으로 이으세요.

1 여력 •

2 유민 •

3 통솔 •

• ㉠ 무리를 거느려 다스림.

• ㉡ 망하여 없어진 나라의 백성

• ㉢ 어떤 일에 주력하고 아직 남아 있는 힘

중심 내용 찾기

04 다음 빈칸을 채워 이 글의 내용을 정리해 보세요.

대조영은 ☐☐☐ 유민과 말갈족 등을 이끌고 당나라 군대를 물리친 뒤 동모산에 성을 쌓고 도읍으로 삼아 ☐☐를 건국하였다.

대조영

글을 읽으면서 중요하다고 생각하는 낱말에 색칠해 보세요.

② 고구려 계승 의식을 내세우다

대조영이 건국한 발해는 대체로 지배층은 고구려인, 일반 백성은 말갈족으로 구성되었어요. 말갈족의 [6]후예인 만주족이 현재 중국 민족의 [7]일원이라는 이유로, 중국은 발해가 중국의 역사에 속해 있는 나라라고 주장하기도 하지요.

하지만 발해는 스스로가 고구려의 후예임을 명확하게 밝혔어요. 발해의 왕은 일본에 보낸 외교 문서에 발해를 '고려'로, 자신을 '고려 국왕'이라고 소개하였어요. 여기서 '고려'는 '고구려'를 가리키는 말로, 발해가 고구려를 계승한 국가라는 점을 일본에 알린 것이지요. 또한 발해의 유적지에서는 온돌이 많이 발견되는데, 온돌은 중국에 없는 우리 민족의 전통적인 난방법이에요. 발해인들이 온돌을 사용한 것은 그들의 [8]문화권이 고구려에 속해 있다는 것을 의미하는 것이에요.

대조영이 건국한 발해는 이후 여러 왕을 거치면서 서쪽으로 요동 지역까지 진출하였고, 동쪽으로 동해안에 접하여 한반도 북부를 [9]호령하는 강국으로 성장하였어요. 이렇게 크게 발전하였던 발해를 중국에서는 '바다 동쪽의 [10]번성한 나라'라는 의미에서 해동성국이라고 불렀답니다.

바다 동쪽에 있는 발해는 크게 번성한 나라로군.

당 / 상경 / 동모산 / 발해=해동성국 / 신라

---

[6] **후예**: 핏줄을 이어받은 먼 자손

[7] **일원**: 단체에 소속된 한 구성원

[8] **문화권**: 공통된 특징을 보이는 어떤 문화가 지리적으로 분포하는 범위

[9] **호령**: 부하나 동물 따위를 지휘하여 명령함.

[10] **번성**: 세력을 확장하여 한창 성함.

05 다음에서 설명하는 명칭을 이 글에서 찾아 쓰세요.

> 발해가 강국으로 성장하자 중국에서 발해를 부른 명칭으로 '바다 동쪽의 번성한 나라'
> 라는 의미가 담겨 있다.

06 이 글의 내용과 일치하는 것은 무엇인가요? [✎]

① 온돌은 중국의 전통적인 난방법이다.

② 발해의 지배층은 대체로 말갈족으로 구성되었다.

③ 발해의 일반 백성은 대체로 거란족으로 구성되었다.

④ 발해는 한반도 북부를 호령하는 강국으로 성장하였다.

⑤ 발해 왕은 일본에 보낸 외교 문서에 스스로를 '신라 국왕'이라고 하였다.

07 다음 문장의 빈칸에 들어갈 낱말을 보기에서 찾아 쓰세요.

> **보기**
>
> 일원   호령   문화권

❶ 철수는 해외 봉사단의 (   )으로 활동하였다.

❷ 한 시대를 (   )하던 그는 관직을 잃고 귀양살이를 떠났다.

❸ 과거 한국, 중국, 일본은 모두 한자를 쓰는 (   )에 속하였다.

08 다음 사실을 통해 알 수 있는 내용을 쓰세요.

> • 발해의 지배층은 대체로 고구려인이다.
> • 발해 유적지에서 온돌이 많이 발견되었다.
> • 발해의 왕은 일본에 보낸 외교 문서에 자신을 '고려 국왕'이라고 소개하였다.

| 시대 | 남북국 시대

16 장보고

글을 읽으면서 중요하다고 생각하는 낱말에 색칠해 보세요.

❶ 당으로 건너간 장보고

장보고는 지금의 완도 부근에 있는 어느 작은 섬에서 태어났어요. 그는 어린 시절부터 무예에 ❶출중한 재능을 보여 말타기, 활쏘기, 수영 등을 잘하였어요. 하지만 장보고는 신분이 ❷미천하였기 때문에 골품제가 엄격하게 지켜지던 신라에서 성공하기는 어려웠답니다.

장보고는 신분의 한계를 극복하기 위해 외국인에게도 기회를 주던 중국의 당나라로 갔어요. 당시 당나라는 사회가 혼란스러워 많은 군사가 필요하였지요. 무예가 뛰어난 장보고는 당나라 군대에서 활약하였고, 마침내 군대를 통솔하는 장교의 자리까지 올라갈 수 있었어요. 이렇게 장보고가 관직을 얻게 된 것은 당나라가 개방적인 나라여서 가능한 일이었지만, 그만큼 장보고가 절실하게 노력하여 거둔 ❸결실이기도 하였답니다.

당나라에서 ❹출세한 장보고는 신라 사람들이 해적에게 잡혀 와 당나라에서 노비로 팔리는 모습을 보게 되었어요. 이에 ❺분개한 장보고는 해적들을 소탕하기 위해 장군의 자리를 내려놓고 신라에 돌아가기로 마음먹었답니다.

노비를 사러 왔소.

---

❶ **출중하다**: 여러 사람 가운데서 특별히 두드러짐.
❷ **미천하다**: 신분이나 지위가 하찮고 천함.
❸ **결실**: 노력이나 수고로 이루어진 보람 있는 성과
❹ **출세**: 사회적으로 높은 지위에 오르거나 유명하게 됨.
❺ **분개**: 어떤 일에 대하여 매우 분하게 여김.

01 이 글의 내용과 일치하도록 괄호 안의 낱말 중 알맞은 것에 ◯표 하세요.

1 장보고는 [능력, 신분]의 한계를 극복하기 위해 당나라로 건너갔다.

2 장보고는 [신라, 당나라] 군대에서 활약하여 장교의 자리까지 올랐다.

02 다음과 같은 상황이 끼친 영향으로 알맞은 것은 무엇인가요? [✏️]

> 신라 사람들이 해적에게 잡혀 와 당나라에서 노비로 팔려 갔다.

① 장보고가 당나라로 건너갔다.

② 장보고가 당나라의 장교로 임명되었다.

③ 장보고가 당나라 군대에서 활약하였다.

④ 장보고가 무예에 출중한 재능을 보였다.

⑤ 장보고가 신라에 돌아가기로 마음먹었다.

03 다음 낱말의 뜻을 찾아 선으로 이으세요.

1 결실 •

2 미천하다 •

3 출중하다 •

• ㄱ 신분이나 지위가 하찮고 천함.

• ㄴ 여러 사람 가운데서 특별히 두드러짐.

• ㄷ 노력이나 수고로 이루어진 보람 있는 성과

04 이 글을 읽고 알 수 있는 장보고의 생각으로 알맞은 것은 무엇인가요? [✏️]

① 당나라를 이용해 발해를 공격해야 한다.

② 외교 활동으로 삼국 통일을 이룰 수 있다.

③ 과학 기술 개발에 국가적 지원이 필요하다.

④ 상업은 천하기 때문에 장려해서는 안 된다.

⑤ 신분의 한계가 있다 하더라도 노력으로 극복할 수 있다.

장보고

글을 읽으면서 중요하다고 생각하는 낱말에 색칠해 보세요.

② 해상 무역을 장악하다

신라에 돌아온 장보고는 흥덕왕을 찾아갔어요. 그리고 왕에게 해안가에 ^⑥출몰하는 해적선을 물리치기 위한 군대를 지원해 달라고 요청하였어요. 흥덕왕은 장보고에게 군사 1만여 명을 지원해 주고 장보고에게 대사 자격을 주었어요.

왕의 지원을 받은 장보고는 완도 지역에 청해진이라는 군사 기지를 만들고, 이를 ^⑦거점으로 삼아 수군을 ^⑧육성하였어요. 장보고가 이끈 강력한 수군은 마침내 해적을 ^⑨소탕하고 신라 주변의 바다를 완전히 장악하였지요.

장보고의 노력으로 해적들이 사라지고 동아시아 바다에 평화가 찾아오자, 당나라, 신라, 일본 사이에 해상 무역이 활발하게 이루어졌어요. 장보고의 함대는 당나라와 일본을 연결하는 ^⑩중계 무역을 주도하였어요. 신라의 특산품을 일본이나 당나라로 수출하거나, 당나라에 들어온 서역의 물품들을 신라나 일본에 판 것이에요. 이러한 무역 활동으로 장보고는 막대한 부도 ^⑪축적할 수 있었답니다.

⑥ **출몰**: 어떤 현상이나 대상이 나타났다 사라졌다 함.
⑦ **거점**: 어떤 활동의 근거가 되는 중요한 지점
⑧ **육성**: 길러 자라게 함.
⑨ **소탕**: 휩쓸어 죄다 없애 버림.
⑩ **중계**: 중간에서 이어 줌.
⑪ **축적**: 지식, 경험, 자금 따위를 모아서 쌓음. 또는 모아서 쌓은 것

중심 낱말 찾기
05 다음과 같은 활동을 한 인물을 이 글에서 찾아 쓰세요.

> • 흥덕왕의 지원을 받아 청해진을 만들고 수군을 육성하였다.
> • 당나라와 일본을 연결하는 중계 무역을 주도하여 부를 축적하였다.

✎ _____

내용 이해
06 다음은 장보고의 활동을 시간 순서대로 정리한 것이에요. ㉠에 들어갈 내용으로 알맞은 것은 무엇인가요? [✎   ]

| 신라로 귀국하였다. | ▶ | ㉠ | ▶ | 신라 주변 해적을 소탕하였다. |

① 당나라로 건너갔다.
② 청해진을 설치하였다.
③ 금관가야를 정복하였다.
④ 중계 무역을 주도하였다.
⑤ 당나라에서 장교로 임명되었다.

어휘 확인
07 다음 문장의 빈칸에 들어갈 낱말을 **보기**에서 찾아 쓰세요.

> **보기**
>
> 소탕   축적   출몰

❶ 경찰서에서는 범죄 (   ) 작전을 준비하고 있었다.

❷ 권력을 이용하여 재산을 (   )하는 것은 바람직하지 않다.

❸ 우리 마을에 멧돼지가 (   )하여 농작물의 피해가 심하다.

중심 내용 찾기
08 다음 빈칸을 채워 이 글의 내용을 정리해 보세요.

> 장보고는 ☐☐☐ 을 거점으로 삼아 수군을 육성하여 해적을 소탕하고, 당나라 와 일본을 연결하는 ☐☐☐☐ 을 주도하여 부를 축적하였다.

| 시대 | 남북국 시대

최치원

글을 읽으면서 중요하다고 생각하는 낱말에 색칠해 보세요.

❶ 문장으로 명성을 떨치다

최치원은 신라의 ❶6두품 집안에서 태어났어요. ㉠ <u>엄격한 골품제 사회였던 신라에서 6두품은 아무리 재능이 뛰어나도 일정 관직 이상으로 올라갈 수 없었어요.</u> 일찍이 최치원의 재능을 알아본 아버지는 이를 안타깝게 여겨 외국인에게도 과거 시험을 볼 수 있게 해 주는 당나라로 그를 떠나보냈어요.

당나라에 간 최치원은 "졸음을 쫓기 위해 머리카락을 매달고 가시로 살을 찔렀으며, 남이 백을 할 때 나는 천의 노력을 했다."라는 기록을 남길 만큼 열심히 공부하였어요. 그 결과 ㉡ <u>최치원은 당나라의 과거 시험에서 ❷장원 급제를 하게 되었지요.</u>

어느 날 당나라에서 '황소의 난'이라고 불리는 큰 반란이 일어났어요. 하지만 당나라 군대는 이를 진압하지 못하고 있었어요. 그러자 글솜씨가 뛰어난 최치원은 반란을 주도한 황소를 ❸토벌하기 위한 ❹격문을 지었어요. 그런데 최치원이 쓴 문장이 적의 ❺간담을 얼마나 떨리게 하였던지, 황소가 이 글을 읽다가 침상에서 굴러 떨어졌다는 일화가 전해질 정도예요. 이 사건으로 최치원은 전 중국에 명성을 떨치게 되었답니다.

온 세상 사람들이 너를 죽이려 하고, 땅속의 귀신들도 너를 죽이려고 의논했을 것이다!

---

❶ **6두품**: 진골 밑에 있는 신분으로 6번째 벼슬인 아찬 이상 승진할 수 없었음.

❷ **장원**: 과거 시험에서 1등으로 합격함.

❸ **토벌**: 무력으로 쳐 없앰.

❹ **격문**: 군병을 모집하거나, 적군을 달래거나 꾸짖기 위한 글

❺ **간담**: 간과 쓸개를 아울러 이르는 말로 속마음을 뜻함.

정답 112쪽

중심 낱말 찾기

01 다음 ㉠, ㉡에 들어갈 낱말을 이 글에서 찾아 각각 쓰세요.

> 신라에서 당나라로 건너간 (㉠   )은 당나라에서 (㉡   )의 난
> 이 일어나자, 이 반란을 토벌하기 위한 격문을 지었다.

✎ ㉠:   ㉡:

내용 이해

02 이 글의 내용과 일치하면 ○, 일치하지 않으면 ✕에 표시하세요.

❶ 최치원은 6두품 집안에서 태어났다. [○ / ✕]

❷ 당나라에는 외국인들이 보는 과거 시험이 있었다. [○ / ✕]

❸ 최치원의 아버지는 최치원이 당나라로 떠나는 것에 반대하였다. [○ / ✕]

어휘 확인

03 다음 문장의 빈칸에 들어갈 낱말을 보기에서 찾아 쓰세요.

> **보기**
>
> | 간담 | 격문 | 토벌 |

❶ 공포 영화를 보다가 (   )이 내려앉는 줄 알았다.

❷ 고려 말 이성계는 왜구를 (   )하며 세력을 키웠다.

❸ 전쟁이 일어나자 장군은 (   )을 돌려 의병을 모집하였다.

내용 추론

04 ㉠, ㉡을 통해 짐작할 수 있는 사실로 알맞은 것은 무엇인가요? [✎   ]

① 당나라가 신라를 통치하였다.

② 당나라와 신라가 친선 관계를 맺었다.

③ 외국인들은 신라에서 차별받지 않았다.

④ 신라보다 당나라가 더 개방적인 사회였다.

⑤ 신라가 당나라보다 문화적으로 더 다양하였다.

최치원

글을 읽으면서 중요하다고 생각하는 낱말에 색칠해 보세요.

ㄹ 최치원의 재능을 낭비한 신라

가 최치원은 당나라에서 관직 생활을 하며 여러 ^❻문인과 교류하였어요. 하지만 부모님에 대한 그리움과 ^❼조국을 위해 봉사하고 싶다는 마음이 있었기에 17년간의 당나라 생활을 정리하고 신라로 돌아왔어요. 당시 신라를 다스리던 헌강왕은 최치원을 ^❽환대하며 그를 중요하게 쓰려고 하였어요.

나 최치원이 신라에 돌아온 이후 헌강왕이 죽고, 정강왕과 진성 여왕이 차례로 왕위에 올랐어요. 그런데 진성 여왕이 신라를 다스릴 당시 신라 사회가 매우 혼란하였어요. 지방에서 호족들이 성장하여 왕실의 권위에 도전하였고, 백성들은 가혹한 세금에 반발하여 반란을 일으켰기 때문이에요. 이미 당나라에서 이러한 사회 혼란을 경험한 최치원은 진성 여왕에게 10여 개의 개혁안을 올려 정치를 바로잡으려고 노력하였어요. 하지만 그의 개혁안은 진골 귀족들의 반발로 실현되지는 못하였답니다.

.... 어려움에 빠진 백성들을 살리려면 유능한 관리자들에게 의지해야 합니다 ....

다 최치원은 신라의 ^❾암담한 현실과 권력 투쟁에만 몰두해 개혁 의지가 없는 귀족들에게 깊은 좌절감을 느꼈어요. 게다가 신라에서는 6두품인 그가 할 수 있는 일이 별로 없었지요. 결국 최치원은 관직을 버리고 ^❿은거하며 살아가는 삶을 선택하였답니다.

---

❻ **문인**: 문예에 종사하는 사람으로, 학자나 문장가 등을 뜻함.

❼ **조국**: 조상 때부터 대대로 살던 나라 또는 자기의 국적이 속하여 있는 나라

❽ **환대**: 반갑게 맞아 정성껏 후하게 대접함.

❾ **암담하다**: 어두컴컴하고 쓸쓸하다는 뜻으로, 희망이 없고 절망적임을 의미함.

❿ **은거**: 세상을 피하여 숨어서 삶.

05 이 글의 내용과 일치하도록 괄호 안의 낱말 중 알맞은 것에 ○표 하세요.

1 [왕건, 최치원]은 진성 여왕에게 10여 개의 개혁안을 올려 신라의 정치를 개혁하고자 하였다.

2 최치원이 신라로 돌아온 이후 지방에서는 [호족, 진골 귀족]들이 성장하여 왕실의 권위 에 도전하고 있었다.

내용 이해

06 다음 내용은 이 글의 가 ~ 다 문단 중 어느 문단과 관련이 깊은지 쓰세요.

> 최치원은 세상과 관계를 끊고 자유로운 몸이 되어 숲속과 강이나 바닷가에 정자를 짓고 소나무와 대나무를 심으며 책을 벗고 자연을 노래하였다.

어휘 확인

07 다음 낱말의 뜻을 찾아 선으로 이으세요.

1 은거 •   • ㄱ 세상을 피하여 숨어서 삶.

2 조국 •   • ㄴ 반갑게 맞아 정성껏 후하게 대접함.

3 환대 •   • ㄷ 조상 때부터 대대로 살던 나라 또는 자기의 국적이 속하여 있는 나라

중심 내용 찾기

08 다음 빈칸을 채워 이 글의 내용을 정리해 보세요.

> 당나라에서 신라로 돌아온 최치원은 진성 여왕에게 10여 개의 [ ][ ][ ]을 올렸 지만 실현되지 않자, 신라의 현실에 좌절감을 느끼고 관직을 버린 채 [ ][ ]하며 살 아갔다.

| 시대 | 남북국 시대

원효

글을 읽으면서 중요하다고 생각하는 낱말에 색칠해 보세요.

❶ 유학길에 얻은 깨달음

　원효는 신라의 승려였어요. 그가 자랄 당시 신라는 ❶통일 전쟁 중이어서 많은 백성이 전쟁터에 동원되어 죽고 말았지요. 백성들의 죽음과 고통을 ❷목격한 원효는 15살에 ❸출가하여 승려가 되었답니다.

　승려가 된 원효는 불교를 깊이 있게 배우고 싶었어요. 그래서 그는 의상이라는 승려와 함께 불교가 번성한 중국 당나라로 ❹유학을 가기로 하였어요. 당나라로 가던 길에 원효와 의상은 폭풍우를 만나 근처의 작은 동굴에서 하룻밤을 지내게 되었어요. 밤중에 목이 말라 잠에서 깬 원효는 어둠 속에서 바가지에 담긴 물을 찾아 시원하게 마시고 다시 잠들었어요.

　다음 날 아침 원효는 밤에 마신 물이 해골 속에 담긴 물인 것을 보고 구역질이 났어요. 그러다 원효는 물이 ❺본질은 같은데, 마음먹기에 따라 맛있는 물이 되기도 하고 역겨운 물이 되기도 한다는 사실에 깨달음을 얻었어요. 그는 마음속에 깨달음이 있으니, ㉠굳이 당나라에 가서 부처님의 가르침을 찾을 필요가 없다고 생각하고 신라에 남기로 하였답니다.

우아, 시원하다!

---

❶ **통일**: 나누어진 것들을 합쳐서 하나의 조직·체계 아래로 모이게 함.

❷ **목격**: 눈으로 직접 봄.

❸ **출가**: 세속의 인연을 버리고 수행 생활에 들어감.

❹ **유학**: 외국에서 머물면서 공부함.

❺ **본질**: 본디부터 가지고 있는 사물 자체의 성질이나 모습

중심 낱말 찾기

01 다음 ㄱ, ㄴ에 들어갈 낱말을 이 글에서 찾아 각각 쓰세요.

원효는 (ㄱ   )로 유학을 가던 도중에 해골에 담긴 물을 먹고 나서 깨달음
은 (ㄴ   ) 속에 있다는 것을 알게 되었다.

✏️ ㄱ: ㄴ:

내용 이해

02 원효가 출가하여 승려가 된 까닭으로 알맞은 것은 무엇인가요? [   ]

① 의상이 설득하였기 때문에

② 왕위에 오르지 못하였기 때문에

③ 당나라에서 불교를 배웠기 때문에

④ 해골에 담긴 물을 먹고 나서 깨달음을 얻었기 때문에

⑤ 전쟁 중에 백성들의 죽음과 고통을 목격하였기 때문에

어휘 확인

03 다음 낱말의 뜻을 찾아 선으로 이으세요.

1 목격 •   • ㄱ 눈으로 직접 봄.

2 본질 •   • ㄴ 세속의 인연을 버리고 수행 생활에 들어감.

3 출가 •   • ㄷ 본디부터 가지고 있는 사물 자체의 성질이나 모습

내용 추론

04 원효가 ㉠과 같이 행동한 까닭을 바르게 말한 어린이는 누구인지 쓰세요.

경미   유명한 승려의 가르침이 중요하다고 생각하였기 때문이야.

성윤   모든 것은 마음먹기에 달려 있다는 것을 깨달았기 때문이야.

한수   자기 나라에서 공부하는 것이 더 효과적이라고 생각하였기 때문이야.

✏️

원효

글을 읽으면서 중요하다고 생각하는 낱말에 색칠해 보세요.

❷ 불교를 널리 알리다

유학길에서 돌아온 원효는 신라에서 부처님의 말씀을 전파하였어요. 그러던 중 태종 무열왕의 둘째 딸인 요석 공주와 사랑에 빠져 아들 설총을 낳게 되었어요. 당시 승려는 결혼할 수 없었기 때문에 원효는 스스로 ^❻계율을 어겼다고 하여 승려의 옷을 벗어 버렸답니다.

승려에서 일반인의 신분이 된 원효는 이전의 ^❼격식과 규율에서 벗어나 전국 방방곡곡을 돌아다니며 백성들에게 불교를 전하였어요. 원효는 많은 사람들에게 자신의 깨달음을 전하고자 하였으며, 글을 모르는 백성들을 위해 부처님의 가르침을 「무애가」라는 노래로 만들어 알려 주기도 하였지요. 그는 누구나 '나무아미타불'만 외우면 부처님께 그 진심을 전하여 ^❽극락세계에 갈 수 있다고 ^❾설파하였어요.

누구나 나무아미타불만 외우면 극락세계에 갈 수 있답니다

어려운 불교 ^❿교리를 공부하지 않아도 부처님을 향한 진심만 있다면 극락세계에 갈 수 있다는 원효의 가르침 덕에 그동안 귀족들이 주로 누렸던 불교를 대중도 누리게 되었어요. 원효의 가르침은 전쟁과 가난, 그리고 질병에 시달리던 당시 신라의 백성들에게 큰 희망을 주었답니다.

---

❻ **계율:** 불교를 믿는 사람이 지켜야 할 규범
❼ **격식:** 격에 맞는 일정한 방식
❽ **극락세계:** 아미타불이 살고 있는 세계로, 괴로움이 없으며 지극히 안락하고 자유로운 세상
❾ **설파:** 어떤 내용을 듣는 사람이 납득하도록 분명하게 드러내어 말함.
❿ **교리:** 종교적인 원리나 이치. 각 종교의 종파가 진리라고 규정한 신앙의 체계를 이름.

05 이 글의 내용과 일치하도록 괄호 안의 낱말 중 알맞은 것에 ◯표 하세요.

❶ 원효는 백성들을 위해 부처님의 가르침을 「무애가」라는 [책, 노래](으)로 만들어 알려 주었다.

❷ [원효, 의상]은/는 나무아미타불만 외우면 부처님께 그 진심을 전하여 극락세계에 갈 수 있다고 하였다.

06 원효에 대한 설명으로 알맞지 <u>않은</u> 것은 무엇인가요? [✎　　　]

① 스스로 승려의 옷을 벗어 버렸다.

② 요석 공주와의 사이에서 설총을 낳았다.

③ 전국 방방곡곡을 돌아다니며 불교를 전하였다.

④ 부처님을 향한 진심보다 불교 교리를 중시하였다.

⑤ 누구나 나무아미타불만 외우면 극락세계에 갈 수 있다고 하였다.

07 다음 문장의 빈칸에 들어갈 낱말을 보기에서 찾아 쓰세요.

> **보기**
>
> 격식　　　교리　　　설파

❶ 학교의 졸업식은 (　　　　　)에 맞추어 진행되었다.

❷ 동학의 (　　　　　)인 인내천은 사람이 곧 하늘이라는 의미이다.

❸ 독립 협회는 백성들에게 독립 의식의 중요성을 (　　　　　)하였다.

08 다음 빈칸을 채워 이 글의 내용을 정리해 보세요.

> 원효는 누구나 [　][　][　][　][　] 만 외우면 극락세계에 갈 수 있다고 설파하여 주로 귀족들이 누리던 불교를 [　][　] 도 누리도록 하였다.

|시대| 남북국 시대~후삼국 시대
견훤

글을 읽으면서 중요하다고 생각하는 낱말에 색칠해 보세요.

❶ 두 가지 기이한 이야기

견훤은 후백제를 건국한 인물이에요. 견훤과 관련해서 두 가지 ❶기이한 이야기가 전해져요. 첫 번째 이야기는 『삼국유사』에 기록되어 있어요. 광주에 살던 부자에게 딸이 한 명 있었는데, 밤마다 ❷정체불명의 남자가 그녀의 방에 다녀갔어요. 그녀는 남자의 정체를 밝히기 위해 남자의 옷에 실을 꿴 바늘을 꽂아 두었어요. 그 실을 따라가 보니 바늘에 꽂혀 죽은 지렁이가 있었는데, 지렁이와 그녀 사이에 태어난 아이가 견훤이었다고 해요.

두 번째 이야기는 『삼국사기』에 전해져요. 견훤의 어머니가 갓난아이였던 견훤을 잠시 수풀 밑에 두고 갔어요. 잠시 후 호랑이가 다가왔는데, 호랑이는 견훤을 잡아먹지 않고 오히려 젖을 먹이고 돌아갔어요. 이후 견훤은 체격과 용모가 웅대해지고 기개가 ❸호방한 아이로 성장하였다는 이야기예요.

두 가지 이야기 모두 견훤이 비범한 인물이었음을 보여 주어요. ❹변방을 지키는 신라군 장교로 시작하여 후삼국을 호령하던 후백제의 왕이 된 견훤은 분명 ❺난세의 영웅이었답니다.

❶ **기이하다:** 기묘하고 이상함.
❷ **정체불명:** 정체가 분명하지 아니한 것
❸ **호방하다:** 의기가 장하여 작은 일에 거리낌이 없음.
❹ **변방:** 중심지에서 멀리 떨어진 가장자리 지역
❺ **난세:** 전쟁이나 무질서한 정치 따위로 어지러워 살기 힘든 세상

중심 낱말 찾기

01 이 글의 내용과 일치하도록 괄호 안의 낱말 중 알맞은 것에 ○표 하세요.

❶ 견훤은 [고려, 후백제]를 건국하였다.

❷ 『삼국사기』에는 견훤의 어머니가 갓난아이였던 견훤을 수풀에 두자 [곰, 호랑이]이/가 와서 젖을 먹이고 돌아갔다는 이야기가 쓰여 있다.

내용 이해

02 이 글의 내용과 일치하는 것은 무엇인가요? [ ]

① 후백제는 삼국을 통일하였다.

② 견훤은 후고구려를 건국하였다.

③ 견훤은 변방을 지키는 신라군 장교였다.

④ 후백제 건국에 왕건이 큰 도움을 주었다.

⑤ 『삼국사기』에 지렁이와 여자 사이에서 견훤이 태어났다는 이야기가 쓰여 있다.

어휘 확인

03 다음 낱말의 뜻을 찾아 선으로 이으세요.

❶ 난세 • • ㄱ 정체가 분명하지 아니한 것

❷ 변방 • • ㄴ 중심지에서 멀리 떨어진 가장자리 지역

❸ 정체불명 • • ㄷ 전쟁이나 무질서한 정치 따위로 어지러워 살기 힘든 세상

중심 내용 찾기

04 다음 빈칸을 채워 이 글의 내용을 정리해 보세요.

　　　를 건국한 견훤과 관련된 두 가지 기이한 이야기를 통해서 견훤이 　　한 인물이었다는 것을 짐작할 수 있다.

견훤

글을 읽으면서 중요하다고 생각하는 낱말에 색칠해 보세요.

② 자신의 손으로 후백제를 무너뜨리다

견훤은 전라도 일대를 장악하고 900년 완산주를 도읍으로 삼아 후백제를 건국하였어요. 후백제가 있는 전라도 지역은 우리나라 최대의 [6]곡창 지대로, 견훤은 풍부한 경제력에 힘입어 후백제를 강력한 국가로 성장시켰어요.

견훤은 신라의 핵심 지역인 대야성을 함락하고, 신라의 수도 경주를 공격하여 신라의 경애왕을 [7]살해하였어요. 당시 고려의 왕건이 신라를 지원하였지만, 견훤은 왕건이 이끄는 고려군을 크게 격파하였지요. 견훤이 이끄는 후백제 앞에 더는 [8]맞수가 없는 것 같았답니다.

하지만 내부적인 문제가 일어나 견훤의 발목을 잡았어요. 견훤이 넷째 아들인 금강에게 왕위를 물려주려 하자, 첫째 아들인 신검이 [9]쿠데타를 일으킨 것이에요. 신검은 견훤을 왕위에서 쫓아내고 금산사에 [10]유폐하였어요. 신하들의 도움으로 탈출한 견훤은 가장 강력한 경쟁자였던 고려의 왕건에게 항복하였지요. 이후 견훤은 고려군에 합류해 후백제를 정벌하는 데 앞장섰고, 결국 후백제는 고려에 멸망당하고 말았답니다.

---

[6] **곡창**: 곡식이 많이 생산되는 지방을 비유적으로 이르는 말

[7] **살해**: 사람을 해치어 죽임.

[8] **맞수**: 힘, 재주, 기량 따위가 서로 비슷하여 우열을 가리기 어려운 상대

[9] **쿠데타**: 무력으로 정권을 빼앗는 일

[10] **유폐**: 아주 깊숙이 가두어 둠.

중심 낱말 찾기

05 다음 ㄱ, ㄴ에 들어갈 낱말을 이 글에서 찾아 각각 쓰세요.

> 견훤이 세운 (ㄱ   )는 강력한 국가로 성장하였다. 하지만 쿠데타가 일어나자 (ㄴ   )은 고려의 왕건에게 항복하여 후백제를 정벌하는 데 앞장섰다.

✎ ㄱ: _____   ㄴ: _____

내용 이해

06 신검이 쿠데타를 일으킨 까닭으로 알맞은 것은 무엇인가요?   [✎   ]

① 견훤이 신라의 경애왕을 살해하였기 때문에
② 견훤이 금산사에 석 달 동안 유폐되었기 때문에
③ 고려의 왕건이 신라를 도와주려고 하였기 때문에
④ 견훤이 왕위를 금강에게 물려주려고 하였기 때문에
⑤ 견훤이 고려군에 합류해 후백제를 공격하였기 때문에

어휘 확인

07 다음 문장의 빈칸에 들어갈 낱말을 보기에서 찾아 쓰세요.

> **보기**
>
> 맞수   유폐   쿠데타

1 그들이 일으킨 (   )로 정권이 바뀌었다.

2 축구계의 (   )인 두 팀은 결승에서 붙게 되었다.

3 신하들은 쫓겨난 왕을 외딴섬에 (   )하기로 결정하였다.

내용 추론

08 이 글을 통해 추론할 수 있는 내용을 바르게 말한 어린이는 누구인지 쓰세요.

> 고은   후백제의 멸망은 내분에서 시작되었구나.
>
> 서영   후백제는 고려와 줄곧 우호적인 관계를 맺었구나.
>
> 준수   후백제에서는 넷째 아들에게 왕위를 물려주는 것이 원칙이었구나.

✎ _____

| 시대 | 남북국 시대~후삼국 시대

20 궁예

글을 읽으면서 중요하다고 생각하는 낱말에 색칠해 보세요.

① 후고구려를 건국하다

궁예는 신라의 왕자로 태어났어요. 궁예가 태어나던 날 하늘에 무지개가 떴는데, 이 소식을 들은 신라의 왕은 궁예가 훗날 왕위에 위협이 될까 두려워하여 궁예를 죽이라고 지시하였어요. 궁예는 병사들이 도착하기 전 유모의 도움으로 겨우 탈출하였지만, 그 과정에서 한쪽 눈을 잃었답니다.

유모와 함께 살던 궁예는 10여 세에 출가하여 승려가 되었어요. 하지만 종교 생활보다는 세상의 일에 더 관심이 많았던 궁예는 곧 절에서 나왔지요. 그리고 강원도 일대에서 세력을 떨치던 호족 양길의 부하가 되었어요.

양길의 밑에서 궁예는 곧 ①두각을 드러냈어요. 여러 전투에서 승리하며 뛰어난 ②공적을 쌓은 궁예는 병사들의 ③신망을 얻어 장군으로 떠받들어졌어요. 그리고 양길에게서 ④자립하여 자신만의 세력을 가지게 되었지요. 궁예의 세력이 점차 커지자 경기도와 강원도의 여러 호족이 궁예에게 ⑤귀순하였어요. 궁예는 이들의 지지를 받아 송악을 수도로 삼고 후고구려를 건국하였답니다.

---

① **두각:** 뛰어난 지식이나 재능을 비유적으로 이르는 말
② **공적:** 노력과 수고를 들여 이루어 낸 일의 결과
③ **신망:** 믿고 기대함. 또는 그런 믿음과 덕망
④ **자립:** 남에게 예속되거나 의지하지 아니하고 스스로 섬.
⑤ **귀순:** 적이었던 사람이 반항심을 버리고 스스로 돌아서서 복종하거나 순종함.

정답 115쪽

중심 낱말 찾기

01 이 글의 내용과 일치하도록 괄호 안의 낱말 중 알맞은 것에 ◯표 하세요.

❶ 궁예는 [백제, 신라]의 왕자로 태어났다.

❷ 궁예는 [호족, 진골 귀족]들의 지지를 받아 후고구려를 세웠다.

내용 이해

02 다음과 같은 상황이 일어난 까닭으로 알맞은 것은 무엇인가요? [ ]

> 양길의 밑에 있던 궁예는 병사들의 신망을 얻어 장군으로 떠받들어졌다.

① 궁예가 한때 승려였기 때문에

② 궁예가 신라의 왕족 출신이었기 때문에

③ 경기도와 강원도의 여러 호족이 궁예에게 귀순하였기 때문에

④ 궁예가 신라에서 탈출하는 과정에서 한쪽 눈을 잃었기 때문에

⑤ 궁예가 여러 전투에서 승리하며 뛰어난 공적을 쌓았기 때문에

어휘 확인

03 다음 낱말의 뜻을 찾아 선으로 이으세요.

❶ 공적 •   • ㄱ 노력과 수고를 들여 이루어 낸 일의 결과

❷ 두각 •   • ㄴ 뛰어난 지식이나 재능을 비유적으로 이르는 말

❸ 자립 •   • ㄷ 남에게 예속되거나 의지하지 아니하고 스스로 섬.

중심 내용 찾기

04 다음 빈칸을 채워 이 글의 내용을 정리해 보세요.

> 양길의 부하였던 ☐☐ 는 경기도와 강원도에서 귀순한 호족들의 지지를 받아
>
> 송악을 수도로 삼고 ☐☐☐☐ 를 건국하였다.

궁예

글을 읽으면서 중요하다고 생각하는 낱말에 색칠해 보세요.

❷ 미륵불을 자처한 궁예

후고구려를 세운 궁예는 호족들의 도움을 받아 정치 제도를 정비하고 군사력을 강화하였어요. 그리고 자신을 버린 신라를 압박하고, 왕건을 보내 후백제의 ^❻배후 지역에 있는 나주를 공격해 점령하였어요. 그리하여 후고구려는 ^❼후삼국 중 가장 강력한 국가로 성장할 수 있었답니다.

하지만 궁예는 불교를 이용해 가혹한 통치를 하여 ^❽민심을 잃게 되었어요. 그는 ^❾미륵불을 ^❿자처하면서 자신이 사람들의 마음을 꿰뚫어 볼 수 있는 능력을 지녔다고 주장하였어요. 그리고 이를 이용하여 마음에 들지 않는 사람들이나 바른 소리를 하는 신하들을 벌하거나 죽인 것이지요. 심지어는 자신의 부인과 아들까지 죽이고 말았어요. 이러한 일들이 벌어지자 신하들과 백성들은 궁예에게서 마음이 멀어졌어요.

결국 후고구려 사람들은 왕건을 새로운 왕으로 추대하고, 궁예를 왕의 자리에서 쫓아냈어요. 급하게 도망치던 궁예는 분노한 백성들에게 잡혀 최후를 맞이하고 말았답니다.

---

❻ **배후:** 어떤 대상이나 대오의 뒤쪽
❼ **후삼국:** 통일 신라 말기의 신라, 후백제, 후고구려(태봉)를 통틀어 이르는 말
❽ **민심:** 백성의 마음
❾ **미륵불:** 미래에 인간 세상에 와 사람들을 구원해 주는 부처
❿ **자처:** 자기를 어떤 사람으로 여겨 그렇게 처신함.

중심 낱말 찾기

05 다음 ㄱ, ㄴ에 들어갈 인물을 이 글에서 찾아 각각 쓰세요.

> 후고구려 사람들은 미륵불을 자처하며 가혹하게 통치하던 (ㄱ   )를 왕의
> 자리에서 쫓아내고 (ㄴ   )을 새로운 왕으로 추대하였다.

✎ ㄱ: _____ ㄴ: _____

내용 이해

06 이 글에서 다룬 내용으로 알맞지 <u>않은</u> 것은 무엇인가요? [✎   ]

① 궁예의 몰락   ② 왕건의 즉위

③ 후백제의 건국   ④ 후고구려의 발전

⑤ 왕건의 나주 점령

어휘 확인

07 다음 문장의 빈칸에 들어갈 낱말을 보기 에서 찾아 쓰세요.

> **보기**
>
> 민심   배후   자처

❶ 왕은 (   )을/를 얻기 위한 정책을 펼쳤다.

❷ 그 연예인은 환경 보호를 위한 홍보 대사를 (   )하였다.

❸ 경찰은 사건의 (   )을/를 밝히기 위해 이곳저곳을 뛰어다녔다.

내용 추론

08 궁예가 몰락한 까닭으로 알맞은 것을 보기 에서 <u>두 가지</u> 골라 기호를 쓰세요.

> **보기**
> ㉠ 불교를 중시하였기 때문에
> ㉡ 후백제를 공격하였기 때문에
> ㉢ 가혹한 통치를 하였기 때문에
> ㉣ 신하들의 지지를 잃었기 때문에

✎ _____ , _____

01 단군왕검에 대한 설명으로 알맞지 <u>않은</u> 것은 무엇인가요? [✏️]

① 고조선을 건국하였다.
② 고조선의 최고 지배자를 가리킨다.
③ 소서노를 두 번째 부인으로 맞이하였다.
④ 정치와 제사를 모두 담당한 지배자였다.
⑤ 여인이 된 곰과 환웅의 결혼으로 태어났다.

02 다음 빈칸에 들어갈 인물을 쓰세요.

( )은 알에서 태어났으며, 고구려를 세워 동명 성왕이 되었다. 어렸을 때 활을 쏘면 백발백중이어서 '활을 잘 쏘는 사람'이라는 뜻에서 ( )이라고 불렸다.

✏️ _____

03 온조가 나라를 세워 도읍으로 정한 곳은 어디인가요? [✏️]

① 미추홀　　　② 사비성
③ 아사달　　　④ 위례성

04 다음 업적을 가진 인물은 누구인가요?

[✏️]

• 고구려의 평양성을 공격하여 고국원왕을 전사시켰다.
• 요서 지방과 산둥 지방에 진출하였고, 왜와의 교류를 확대하였다.

① 성왕　　　　② 장수왕
③ 근초고왕　　④ 동명 성왕

05 다음 보기 에서 고구려 광개토 대왕의 업적을 골라 알맞게 짝지은 것은 무엇인가요?

[✏️]

보기

㉠ 중원 고구려비를 세웠다.
㉡ 80년 가까이 고구려를 통치하였다.
㉢ 만주 지역을 고구려의 영토로 만들었다.
㉣ 신라를 도와 왜와 가야의 군대를 격파하였다.

① ㉠, ㉡　　　② ㉡, ㉢
③ ㉡, ㉣　　　④ ㉢, ㉣

06 고구려 장수왕이 추진한 남진 정책의 결과로 알맞은 것은 무엇인가요? [✏️]

① 광개토 대왕릉비가 세워졌다.
② 백제가 사비로 수도를 옮겼다.
③ 비류와 온조가 고구려를 떠났다.
④ 고구려가 한강 유역을 차지하였다.
⑤ 고구려가 숙신, 부여, 거란을 정복하였다.

07 다음에서 설명하는 전투로 알맞은 것은 무엇인가요? [✏️]

신라의 진흥왕이 백제군을 기습 공격하여 한강의 모든 지역을 차지한 것에 맞서 백제 성왕이 신라를 공격하면서 일어났다. 전투 초기에는 백제의 연합군이 우세하였으나, 성왕이 신라군에게 목숨을 잃으면서 백제의 패배로 끝이 났다.

① 살수 대첩　　② 관산성 전투
③ 안시성 싸움　　④ 황산벌 전투

08 다음 ~에 들어갈 내용을 알맞게 연결한 것은 무엇인가요? [✎]

> 신라 진흥왕은 (㉠)을/를 점령하여 한반도에서 주도권을 잡았고, (㉡)를 정복하였다. 이러한 활약에는 인재를 양성하기 위해 만든 청소년 단체인 (㉢)이/가 큰 역할을 하였다.

	㉠	㉡	㉢
①	만주	대가야	화랑도
②	만주	금관가야	철갑기마병
③	한강 유역	대가야	성골
④	한강 유역	대가야	화랑도
⑤	한강 유역	금관가야	철갑기마병

09 을지문덕에 대한 글을 쓸 때 그 제목으로 알맞은 것은 무엇인가요? [✎]

① 백제의 부흥을 꾀하다
② 관산성 전투에서 전사하다
③ 살수 대첩을 승리로 이끌다
④ 황산벌에서 신라군과 싸우다
⑤ 신라를 도와 왜군을 격파하다

10 다음 상황을 극복하기 위해 선덕 여왕이 한 일로 알맞은 것은 무엇인가요? [✎]

> 선덕 여왕 시기 신라는 대외적으로 고구려와 백제가 자주 침략하였고, 내부에서는 여자가 왕이 된 것을 못마땅하게 여긴 사람들이 반란을 일으켰다.

① 나당 동맹을 맺었다.
② 황룡사 9층 목탑을 세웠다.
③ 감은사라는 절을 건축하였다.
④ 김유신을 흥무대왕으로 추존하였다.
⑤ 청해진이라는 군사 기지를 만들었다.

11 황산벌 싸움에 대한 설명으로 알맞지 <u>않은</u> 것은 무엇인가요? [✎]

① 전투 중에 김유신이 목숨을 잃었다.
② 백제군의 수가 신라군의 수보다 적었다.
③ 관창의 활약에 힘입어 신라가 승리하였다.
④ 초반 네 차례의 전투에서 백제가 승리하였다.
⑤ 계백이 이끄는 군대와 김유신이 이끄는 군대가 벌였다.

12 다음 중 검색 결과로 알맞지 <u>않은</u> 것은 무엇인가요? [✎]

> 김유신 🔍 ☰
>
> ① 비담이 일으킨 반란을 진압하였다.
> ② 진덕 여왕을 이어 신라의 왕이 되었다.
> ③ 평생 동안 한 번의 전투도 지지 않았다.
> ④ 금관가야의 왕족 출신 집안에서 태어났다.
> ⑤ 세상을 떠난 뒤에 흥무대왕으로 추존되었다.

13 다음에서 설명하는 인물은 누구인가요? [✎]

> • 신라에서 진골 출신 중에 최초로 왕위에 올랐다.
> • 삼국 통일을 위한 전쟁을 일으켰다.
> • 당나라와의 동맹을 성사시켰다.

① 관창   ② 김유신
③ 김춘추   ④ 장보고

14 문무왕 시기에 신라에서 있었던 사실로 알맞지 <u>않은</u> 것은 무엇인가요? [✎]

① 첨성대를 건축하였다.
② 삼국 통일을 완성하였다.
③ 나당 전쟁에서 승리하였다.
④ 고구려 평양성을 함락하였다.
⑤ 백제의 부흥 운동을 진압하였다.

15 다음에서 설명하는 나라는 어디인지 쓰세요.

· 대조영이 동모산에 성을 쌓고 건국하였다.
· 고구려 계승 의식을 가지고 있었다.
· 중국에서 해동성국이라 불렸다.

✎ _____

16 장보고에 대한 설명으로 알맞은 것은 무엇인가요? [✎]

① 신라의 진골 귀족이었다.
② 김유신의 여동생과 결혼하였다.
③ 황산벌 싸움을 승리로 이끌었다.
④ 살수 대첩에서 고구려군을 지휘하였다.
⑤ 청해진을 거점으로 삼아 수군을 육성하였다.

17 다음과 같은 활동을 한 인물은 누구인가요? [✎]

· 당나라 과거 시험에서 장원 급제를 하였다.
· 황소의 난 토벌을 격려하는 글을 지었다.
· 진성 여왕에게 10여 개의 개혁안을 올렸다.

① 계백　　　　② 견훤
③ 김유신　　　④ 최치원

18 다음과 같이 주장한 승려는 누구인가요? [✎]

누구나 나무아미타불만 외우면 부처님께 그 진심을 전하여 극락세계에 갈 수 있지요.

① 원효　　　　② 의상
③ 의천　　　　④ 혜초

19 견훤이 왕건에게 항복한 까닭으로 알맞은 것은 무엇인가요? [✎]

① 신라가 삼국을 통일하였기 때문에
② 고려가 후백제를 멸망시켰기 때문에
③ 신검에 의해 왕위에서 쫓겨났기 때문에
④ 당나라에서 황소의 난이 일어났기 때문에
⑤ 발해가 한반도 북부를 호령하는 강국으로 성장하였기 때문에

20 다음 ㉠, ㉡에 들어갈 나라를 알맞게 연결한 것은 무엇인가요? [✎]

| ㉠ | 견훤이 완산주를 도읍으로 삼아 건국하였다. |
| ㉡ | 궁예가 송악을 도읍으로 삼아 건국하였다. |

	㉠	㉡
①	발해	고려
②	발해	후고구려
③	후백제	고려
④	후백제	후고구려
⑤	후고구려	후백제

정답

완자 **공부력** 가이드

완자 공부력 시리즈는
앞으로도 계속 출간될 예정입니다.

국어
맞춤법
바로 쓰기
1~2학년용
4책

쓰기력

전과목
어휘
1~6학년용
12책

전과목
한자
어휘
1~6학년용
12책

영어
파닉스
1~2학년용
2책

영어
영단어
3~6학년용
8책

어휘력

국어
독해
1~6학년용
12책

한국사
독해
인물편
3~6학년용
4책

한국사
독해
시대편
3~6학년용
4책

독해력

수학
계산
1~6학년용
12책

계산력

완자 공부력 시리즈로 공부 근육을 키워요!

매일 성장하는
초등 자기개발서
완자
공부력

학습의 기초가 되는 읽기, 쓰기, 셈하기와 관련된
공부력을 키워야 여러 교과를 터득하기 쉬워집니다.
또한 어휘력과 독해력, 쓰기력, 계산력을 바탕으로 한
'공부력'은 자기주도 학습으로 상당한 단계까지 올라갈 수
있는 밑바탕이 되어 줍니다. 그래서 매일 꾸준한 학습이
가능한 '**완자 공부력 시리즈**'로 공부하면 **자기주도학습**이
가능한 **튼튼한 공부 근육을 키울 수 있을 것이라 확신합니다.**

효과적인 공부력 강화 계획을 세워요!

○ 학년별 공부 계획

내 학년에 맞게 꾸준하게 공부 계획을 세워요!

		1-2학년	3-4학년	5-6학년
기본	독해	국어 독해 1A 1B 2A 2B	국어 독해 3A 3B 4A 4B	국어 독해 5A 5B 6A 6B
	계산	수학 계산 1A 1B 2A 2B	수학 계산 3A 3B 4A 4B	수학 계산 5A 5B 6A 6B
	어휘	전과목 어휘 1A 1B 2A 2B	전과목 어휘 3A 3B 4A 4B	전과목 어휘 5A 5B 6A 6B
		파닉스 1 2	영단어 3A 3B 4A 4B	영단어 5A 5B 6A 6B
확장	어휘	전과목 한자 어휘 1A 1B 2A 2B	전과목 한자 어휘 3A 3B 4A 4B	전과목 한자 어휘 5A 5B 6A 6B
	쓰기	맞춤법 바로 쓰기 1A 1B 2A 2B		
	독해		한국사 독해 인물편 1 2 3 4	
			한국사 독해 시대편 1 2 3 4	

○ 시기별 공부 계획

학기 중에는 **기본**, 방학 중에는 **기본 + 확장**으로 공부 계획을 세워요!

방학 중			
학기 중			
기본			확장
독해	계산	어휘	어휘, 쓰기, 독해
국어 독해	수학 계산	전과목 어휘	전과목 한자 어휘
		파닉스(1~2학년) 영단어(3~6학년)	맞춤법 바로 쓰기(1~2학년) 한국사 독해(3~6학년)

예시 초1 학기 중 공부 계획표 주 5일 하루 3과목 (45분)

월	화	수	목	금
국어 독해	국어 독해	국어 독해	국어 독해	국어 독해
수학 계산	수학 계산	수학 계산	수학 계산	수학 계산
전과목 어휘	파닉스	전과목 어휘	전과목 어휘	파닉스

예시 초4 방학 중 공부 계획표 주 5일 하루 4과목 (60분)

월	화	수	목	금
국어 독해	국어 독해	국어 독해	국어 독해	국어 독해
수학 계산	수학 계산	수학 계산	수학 계산	수학 계산
전과목 어휘	영단어	전과목 어휘	전과목 어휘	영단어
한국사 독해 인물편	전과목 한자 어휘	한국사 독해 인물편	전과목 한자 어휘	한국사 독해 인물편

01 단군왕검

1 고조선을 건국하다

글을 읽으면서 중요하다고 생각하는 낱말에 색칠해 보세요.

아주 먼 옛날 하늘의 신 환인에게 여러 아들이 있었어요. 그중 환웅은 인간 세상에 관심이 많았지요. 환인이 하늘에서 내려다보니 널리 인간 세상을 ①이롭게 할만해서 환웅이 인간 세상에 내려가는 것을 허락하였어요. 환웅은 바람, 비, 구름을 다스리는 신을 ②비롯한 무리 3천 명을 이끌고 태백산으로 내려와 인간 세상을 다스렸답니다.

환웅이 다스리는 세상에서는 곰 한 마리와 호랑이 한 마리가 사람이 되기를 빌었어요. 이에 환웅은 쑥과 마늘을 주며 "너희들이 이것을 먹고 100일 동안 햇빛을 보지 않으면 사람이 될 것이다."라고 말하였지요. 곰은 환웅과 약속을 잘 지켜 21일 만에 여인이 되었지만, 호랑이는 약속을 지키지 못해 사람이 되지 못하였어요.

여인이 된 곰은 ③신단수 아래에서 아이를 가지고 싶다고 빌었어요. 그러자 환웅은 잠시 인간으로 변하여 곰과 결혼하였어요. 둘 사이에서 아들이 태어났는데, 이 아들이 바로 ④단군왕검이에요. 단군왕검은 우리 역사상 최초의 나라인 고조선을 ⑤건국하였답니다.

- ① 이롭다: 이익이 있다.
- ② 비롯하다: 여럿 가운데서 앞의 것을 첫째로 삼아 그것을 중심으로 다른 것도 포함하다.
- ③ 신단수: 환웅이 처음 하늘에서 그 밑에 내려왔다는 신성한 나무
- ④ 단군왕검: 우리 민족 최초의 조상으로 여겨지는 신화 속 인물
- ⑤ 건국: 나라를 세움.

핵심 낱말 찾기
01 다음에서 설명하는 나라의 이름을 이 글에서 찾아 쓰세요.

단군왕검이 세운 우리 역사상 최초의 나라이다.

✎ 고조선

도움말 | 단군왕검은 우리나라 역사상 최초의 국가인 고조선을 세웠어요.

내용 이해
02 이 글의 내용과 일치하는 것은 무엇인가요? [✎ ⑤]

① 환인은 환웅의 아들이다.
② 호랑이는 환웅과의 약속을 지켰다.
③ 곰은 사람이 되기를 원하지 않았다.
④ 환웅은 인간 세상에 관심이 없었다.
⑤ 여인이 된 곰과 환웅 사이에서 단군왕검이 태어났다.

도움말 | 단군왕검의 탄생 이야기에는 여인이 된 곰과 환웅 사이에 단군왕검이 태어났다고 쓰여 있어요.

어휘 확인
03 다음 낱말의 뜻을 찾아 선으로 이으세요.

① 건국 ─── ㉠ 나라를 세움.

② 이롭다 ─── ㉡ 이익이 있다.

③ 비롯하다 ─── ㉢ 여럿 가운데서 앞의 것을 첫째로 삼아 그것을 중심으로 다른 것도 포함하다.

핵심 내용 찾기
04 다음 빈칸을 채워 이 글의 내용을 정리해 보세요.

하 늘 에서 내려온 환웅과 여인이 된 곰 사이에서 태어난 단 군 왕 검 은 우리 역사상 최초의 나라인 고조선을 건국하였다.

2 1500년 동안 고조선을 다스리다

역사책 『삼국유사』에 따르면, 단군왕검은 고조선을 세우고 아사달로 ⑥도읍을 옮겼어요. 그리고 무려 1500년 동안 고조선을 다스리다가 이후에 산신이 되었다고 해요. 그런데 한 사람이 그렇게 오래 사는 것은 불가능한 일이겠지요? 그래서 '단군왕검'이라는 ⑦호칭은 사람의 이름이 아니라 고조선의 최고 ⑧지배자를 가리킨다는 사실을 짐작할 수 있어요.

제사장의 복장을 한 단군왕검

한편, 단군왕검의 '단군'은 하늘에 제사를 지내는 사람을 뜻하고, '왕검'은 정치적 지도자를 뜻해요. 이를 통해 단군왕검은 정치와 제사를 모두 담당한 지배자였다는 사실을 알 수 있답니다.

단군왕검이 세운 고조선은 우수한 청동기 문화를 바탕으로 주변의 다른 부족을 정복하거나 ⑨통합하면서 세력을 넓혀 나갔어요. 그리하여 만주와 한반도 북부를 지배할 정도로 성장하였지요. 그리고 고조선은 한반도 남부와 중국을 연결하는 무역을 ⑩주도하기도 하였어요. 이러한 고조선의 성장에 위협을 느낀 중국의 한나라는 고조선을 침략하였어요. 고조선은 한나라의 군대에 맞서 끈질기게 싸웠지만, 결국 한나라에 ⑪멸망하고 말았답니다.

- ⑥ 도읍: 한 나라의 수도
- ⑦ 호칭: 이름 지어 부름. 또는 그 이름
- ⑧ 지배자: 남을 지배하거나 지배적인 위치에 있는 사람
- ⑨ 통합: 둘 이상의 조직이나 기구 등을 하나로 합치는 일
- ⑩ 주도: 주동적인 처지가 되어 이끎.
- ⑪ 멸망: 망하여 없어짐.

핵심 낱말 찾기
05 다음 ㉠, ㉡에 들어갈 낱말을 이 글에서 찾아 각각 쓰세요.

(㉠)이 건국한 고조선은 우수한 (㉡) 문화를 바탕으로 주변의 다른 부족을 정복하거나 통합하였다.

✎ ㉠: 단군왕검 ㉡: 청동기

내용 이해
06 이 글의 내용과 일치하지 않는 것은 무엇인가요? [✎ ②]

① 단군왕검은 아사달로 도읍을 옮겼다.
② 당나라의 침략으로 고조선이 멸망하였다.
③ 고조선은 만주와 한반도 북부를 지배하였다.
④ 단군왕검은 고조선의 최고 지배자를 가리키는 호칭이다.
⑤ 고조선은 한반도 남부와 중국을 연결하는 무역을 주도하였다.

도움말 | ② 고조선은 한나라의 침략으로 멸망하였어요.

어휘 확인
07 다음 문장의 빈칸에 들어갈 낱말을 보기에서 찾아 쓰세요.

보기
도읍   주도   호칭

① 조선을 건국한 이성계는 한양을 (도읍)(으)로 정하였다.
② 내 친구는 여러 사람이 모인 자리에서 대화를 (주도)하였다.
③ 가게 점원은 나의 어머니를 '선생님'이라는 (호칭)(으)로 불렀다.

내용 추론
08 고조선이 우리 역사에서 갖는 의의를 바르게 말한 어린이는 누구인지 쓰세요.

경인   한반도 북부와 남부를 차지하였어요.
승안   분열되었던 나라를 최초로 통일하였어요.
준영   중국의 한나라와 맞설 정도로 강성하였어요.

✎ 준영

도움말 | 경안: 고조선은 만주와 한반도 북부를 차지하였어요. 승안: 고조선은 우리나라 최초의 나라예요.

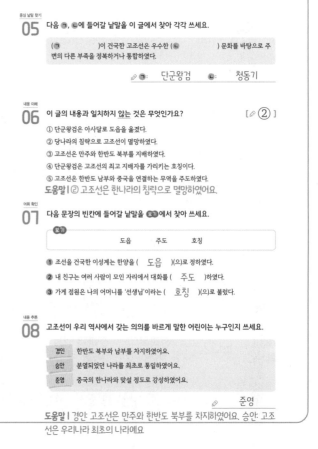

02 동명 성왕

1 알에서 태어난 동명 성왕

글을 읽으면서 중요하다고 생각하는 낱말에 색칠해 보세요.

어느 날 부여의 왕인 금와왕이 길을 가던 도중 강의 신 하백의 딸인 유화 부인을 만났어요. 유화 부인이 슬픈 표정을 하고 있자, 금와왕은 그 ^①연유를 물어보았어요. 그러자 유화 부인은 "저는 천제의 아들인 해모수와 사랑에 빠졌어요. 그런데 집안의 허락 없이 해모수와 결혼하였다가 집에서 쫓겨나고 말았지요."라고 하였답니다.

금와왕은 사정이 ^②딱한 유화 부인을 궁궐로 데리고 왔어요. 얼마 후 따스한 햇볕이 유화 부인을 비추자 유화 부인은 큰 알을 낳았어요. 금와왕은 유화 부인이 낳은 알을 ^③불길하다고 여겨 알을 버리라고 하였어요. 그런데 동물들은 버려진 알을 피하였고, 새는 날개로 알을 품기도 하였어요. 금와왕은 알을 깨뜨리려고 하였으나 실패하고 하는 수 없이 알을 다시 부인에게 돌려주었어요.

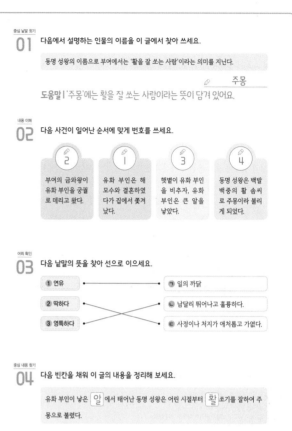

얼마 후 알에서 ^④영특한 사내아이가 태어났어요. 이 아이가 훗날 고구려를 세운 동명 성왕이에요. 아이는 활을 쏘면 ^⑤백발백중이어서 사람들은 아이의 이름을 '활을 잘 쏘는 사람'이라는 뜻에서 '주몽'이라고 불렀답니다.

W

① **연유:** 일의 까닭
② **딱하다:** 사정이나 처지가 애처롭고 가엾다.
③ **불길하다:** 운수 등이 좋지 아니하다.
④ **영특하다:** 남달리 뛰어나고 훌륭하다.
⑤ **백발백중:** 총이나 활 등을 쏠 때마다 겨눈 곳에 다 맞음.

중심 낱말 찾기
01 다음에서 설명하는 인물의 이름을 이 글에서 찾아 쓰세요.

> 동명 성왕의 이름으로 부여에서는 '활을 잘 쏘는 사람'이라는 의미를 지닌다.

✎ **주몽**

도움말 | '주몽'에는 활을 잘 쏘는 사람이라는 뜻이 담겨 있어요.

012쪽 013쪽

내용 이해
02 다음 사건이 일어난 순서에 맞게 번호를 쓰세요.

- [2] 부여의 금와왕이 유화 부인을 궁궐로 데리고 왔다.
- [1] 유화 부인은 해모수와 결혼하였다가 집에서 쫓겨났다.
- [3] 햇볕이 유화 부인을 비추자, 유화 부인은 큰 알을 낳았다.
- [4] 동명 성왕은 백발백중의 활 솜씨로 주몽이라 불리게 되었다.

어휘 확인
03 다음 낱말의 뜻을 찾아 선으로 이으세요.

1 연유   ㉠ 일의 까닭
2 딱하다   ㉡ 남달리 뛰어나고 훌륭하다.
3 영특하다   ㉢ 사정이나 처지가 애처롭고 가엾다.

중심 내용 찾기
04 다음 빈칸을 채워 이 글의 내용을 정리해 보세요.

> 유화 부인이 낳은 [알] 에서 태어난 동명 성왕은 어린 시절부터 [활] 쏘기를 잘하여 주몽으로 불렸다.

2 고구려를 세우다

금와왕의 왕자들은 재주가 뛰어난 주몽을 ^①시기해서 죽이려고 하였어요. 이 사실을 안 주몽은 부여에서 도망쳐 나왔지요. 부여에서 쫓아오는 군사들을 피해 도망가던 주몽은 강을 만나 군사들에게 붙잡힐 뻔했어요. 이때 주몽은 "나는 하늘 황제의 손자요, 강의 신 하백의 외손자이다. 지금 강을 건너야 하니 하늘 신과 땅 신은 배와 다리를 마련해 주시오."라고 말하였어요. 그러자 물고기와 자라가 다리를 만들어 주어 주몽은 무사히 강을 건널 수 있었답니다.

주몽은 무리를 이끌고 졸본 지역에 ^②정착하였어요. 이 지역에는 연타발이라는 부족장이 있었어요. 그는 뛰어난 장사 ^③수완으로 재물을 모아 ^④명성을 얻은 사람이었지요. 연타발에게는 소서노라는 딸이 있었는데, 부여에 가족을 두고 온 주몽은 소서노를 두 번째 부인으로 맞이하였어요. 주몽은 소서노의 도움을 받아 힘을 키워 기원전 37년 여러 부족장의 ^⑤추대를 받아 고구려를 건국하고 동명 성왕이 되었어요. 그리고 고씨를 왕족의 성으로 삼았답니다.

할아버지께서 도와주셨어.

W

① **시기:** 남이 잘되는 것을 샘하여 미워함.
② **정착:** 일정한 곳에 자리를 잡아 붙박이로 있거나 머물러 삶.
③ **수완:** 일을 꾸미거나 처리해 나가는 재간
④ **명성:** 세상에 널리 퍼져 평판 높은 이름
⑤ **추대:** 윗사람으로 떠받듦.

중심 낱말 찾기
05 이 글의 내용과 일치하도록 괄호 안의 낱말 중 알맞은 것에 ○표 하세요.

① 주몽은 나라를 건국한 이후 [(고씨) / 김씨]를 왕족의 성으로 삼았다.
② 주몽은 소서노의 도움을 받아 힘을 키워 [고조선 / (고구려)]을/를 건국하였다.

014쪽 015쪽

내용 이해
06 이 글의 내용과 일치하지 않는 것은 무엇인가요?   [✎ ④]

① 주몽은 연타발의 딸과 혼인하였다.
② 연타발은 재물을 모아 명성을 얻었다.
③ 주몽은 소서노의 도움을 받아 힘을 키웠다.
④ 주몽은 부족장들을 없애고 동명 성왕이 되었다.
⑤ 주몽은 부여에서 도망쳐 나와 졸본 지역에 정착하였다.

도움말 | ④ 주몽은 부족장들의 추대를 받아 고구려를 건국하고 동명 성왕이 되었어요.

어휘 확인
07 다음 문장의 빈칸에 들어갈 낱말을 보기에서 찾아 쓰세요.

> **보기**
>
> 명성   수완   정착

① 최치원은 당나라 유학 시절 뛰어난 글 솜씨로 (명성)을 날렸다.
② 여기저기 떠돌아다니던 그 사람은 마침내 이 집에 (정착)하였다.
③ 어머니는 (수완)이 뛰어난 사업가로 세계를 무대로 활동하고 있다.

내용 추론
08 이 글을 바탕으로 다음에 해당하는 이야기는 무엇인지 쓰세요.

> 옛날 사람들은 나라를 세운 왕의 특별함을 강조하기 위해 신비로운 이야기를 지어내기도 하였다. 주몽에 대해서도 고구려를 세울 때 하늘의 도움을 받았다는 것을 강조하기 위한 신비로운 이야기가 전해진다.

✎ 주몽이 하늘 황제의 손자여서 나라를 세우러 갈 때 하늘 신의 도움을 받았다는 이야기가 전해진다.

03 온조왕

1 고구려를 떠나다

글을 읽으면서 중요하다고 생각하는 낱말에 색칠해 보세요.

동명 성왕과 혼인하기 전 소서노에게는 두 명의 아들이 있었어요. 첫째의 이름은 비류, 둘째의 이름은 온조였답니다. 소서노는 고구려 건국에서 중요한 역할을 하였기에 고구려의 왕비가 되었고, 비류와 온조도 고구려의 왕자가 되었어요.

동명 성왕은 비류와 온조를 아꼈지만, 부여에 두고 온 아내와 자식도 그리워하였어요. 어느 날 동명 성왕에게 부여에 있던 ⁰유리가 찾아왔어요. 그는 동명 성왕이 ²증표로 두고 간 부러진 칼날을 들고 왔지요. 동명 성왕은 자신이 가지고 있는 나머지 칼날과 맞추어 보고 유리가 자신의 친자식임을 알게 되었어요. 이후 동명 성왕은 유리를 고구려의 ³태자로 임명하였어요.

새로운 나라를 세우자.

비류와 온조는 고구려의 왕이 될 수 없고, 유리가 자신들을 ⁴위협할 수도 있었기에 고구려를 떠나 새로운 나라를 세우기로 ⁵결심하였어요. 동명 성왕도 두 아들의 마음을 알기에 떠나는 것을 허락하였지요. 비류와 온조는 어머니를 모시고 자신들을 따르는 많은 백성과 함께 남쪽으로 내려갔답니다.

① 유리: 고구려의 두 번째 왕으로 도읍을 졸본에서 국내성으로 옮김.
② 증표: 무엇의 증명이나 증거가 될 만한 표.
③ 태자: 국왕의 자리를 이을 국왕의 아들.
④ 위협: 힘으로 으르고 협박함.
⑤ 결심: 할 일에 대하여 어떻게 하기로 마음을 굳게 정함.

중심 낱말 찾기
01 다음 ㉠, ㉡에 들어갈 인물을 이 글에서 찾아 각각 쓰세요.

부여에서 동명 성왕의 친자식인 (㉠   )가 찾아오면서 소서노의 아들인 비류와 (㉡   )는 고구려를 떠나 새로운 나라를 세울 것을 결심하였다.

㉠: 유리   ㉡: 온조

내용 이해
02 이 글의 내용과 일치하지 <u>않는</u> 것은 무엇인가요?   [✎ ②]

① 소서노는 고구려의 왕비가 되었다.
② 온조는 고구려의 두 번째 왕이 되었다.
③ 소서노는 두 아들과 함께 고구려를 떠났다.
④ 유리는 부여에서 온 동명 성왕의 아들이다.
⑤ 동명 성왕은 유리를 고구려의 태자로 임명하였다.
도움말 | ② 온조는 태자가 되지 못하여 고구려를 떠났어요.

어휘 확인
03 다음 뜻을 나타내는 낱말에 ○표 하세요.

① 국왕의 자리를 이을 국왕의 아들 [왕자 / (태자)]
② 무엇의 증명이나 증거가 될 만한 표 [공표 / (증표)]

내용 추론
04 다음 사건을 원인과 결과에 맞게 선으로 이으세요.

원인		결과
① 동명 성왕이 유리를 태자로 임명하였다.		㉠ 비류와 온조는 어머니를 모시고 고구려를 떠났다.
② 유리가 부러진 칼을 들고 동명 성왕을 찾아왔다.		㉡ 동명 성왕이 유리가 자신의 친자식임을 확인하였다.

2 백제를 세우다

남쪽으로 떠난 비류와 온조의 무리는 한강 부근에 이르렀어요. 신하들은 한강 부근의 위례성이 농사가 잘되고 ⁶방어하기가 좋은 땅이라고 여겨 이곳에 나라를 세울 것을 ⁷건의하였어요. 하지만 비류는 바닷가에 나라를 세울 것을 주장하였지요. 결국 온조만이 신하들의 의견을 ⁸수용하여 위례성을 도읍으로 나라를 건국하였답니다. 나라의 이름은 10명의 신하가 도와주어 국가를 세웠다는 의미로 '십제'라고 하였어요.

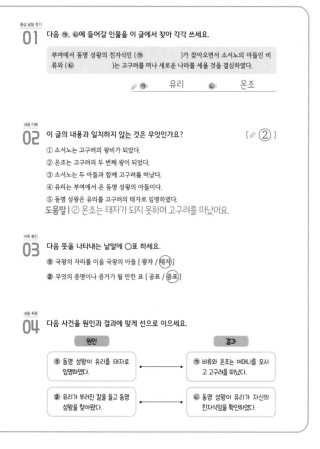

한편, 비류는 백성을 나누어 지금의 인천 지역인 미추홀로 가서 자리를 잡았어요. 이 지역은 다른 나라와 ⁹교역하기에는 유리하였지만, 땅이 습하고 물이 짜서 곡식이 잘 자라지 않았어요. 오래되지 않아 비류는 미추홀이 백성들이 편안히 살 수 없는 곳임을 깨달았지요.

비류가 죽자, 그의 신하와 백성들은 온조왕에게 함께하기를 ¹⁰간청하였어요. 온조왕은 이들을 모두 받아들여 비류가 세운 국가를 자신의 국가에 통합하였어요. 그리고 모든 백성이 함께한다는 뜻에서 나라 이름을 '백제'라고 고쳤답니다.

⑥ 방어: 상대편의 공격을 막음.
⑦ 건의: 개인이나 단체가 의견이나 희망을 내놓음.
⑧ 수용: 어떠한 것을 받아들임.
⑨ 교역: 주로 나라와 나라 사이에서 물건을 사고팔고 하여 서로 바꿈.
⑩ 간청: 어떤 일을 이루기 위하여 간절히 부탁함.

중심 낱말 찾기
05 이 글의 내용과 일치하도록 괄호 안의 낱말 중 알맞은 것에 ○표 하세요.

① [비류, (온조)]는 한강 부근의 위례성을 도읍으로 나라를 세웠다.
② 온조는 비류의 신하와 백성을 받아들인 후 나라 이름을 [(백제), 십제]로 고쳤다.

내용 이해
06 이 글의 구조에 따라 ㉠에 들어갈 내용은 무엇인가요?   [✎ ③]

| 비류와 온조의 남하 | → | ㉠ | → | 온조의 십제 건국 / 비류의 나라 건국 | → | 백제로 통합 |

① 부여의 멸망
② 주몽과 소서노의 혼인
③ 나라 위치를 둘러싼 갈등
④ 고구려 태자로 임명된 유리
⑤ 환웅 부족과 곰 부족의 연합
도움말 | 비류와 온조가 남쪽으로 떠난 이후 두 사람은 나라를 어디에 세울 것인가에 대한 의견이 달라 각각의 나라를 세웠어요.

어휘 확인
07 다음 문장의 빈칸에 들어갈 낱말을 보기에서 찾아 쓰세요.

보기
교역   방어   수용

① 고구려는 소수림왕 때 중국으로부터 불교를 (수용)하였다.
② 육군은 주로 땅 위에서 공격과 (방어)의 임무를 수행하는 군대이다.
③ 북한과 (교역)을/를 활발히 하는 것은 남북 통일에 도움을 줄 수 있다.

중심 내용 찾기
08 다음 빈칸을 채워 이 글의 내용을 정리해 보세요.

온조는 위례성을 도읍으로 삼아 십제를 건국하였다. 이후 비류가 세운 국가의 백성을 받아들이고 나라 이름을 백제라고 고쳤다.

04 근초고왕

1 고구려를 공격하다

글을 읽으면서 주요하다고 생각하는 낱말에 색칠해 보세요.

백제는 고구려에 비해 인구나 영토, [●]군사력 등이 [●]열세였어요. 이러한 두 나라의 관계에 큰 변화를 가져온 인물이 근초고왕이랍니다. 백제 제13대 왕인 근초고왕은 비류왕의 둘째 아들로 태어났으며, 30년 동안 백제를 다스렸어요.

근초고왕은 아버지가 왕위를 아들에게 물려주는 제도를 만들어 왕위 계승을 안정시켰어요. 또한 강력한 군대를 이끌고 주변의 여러 나라를 공격하였는데, 마한 지역을 정복하여 농사짓기에 좋은 [●]곡창 지대를 차지하였지요. 백제는 강해진 국력을 바탕으로 고구려와의 [●]일전을 준비해 나갔답니다.

당시 근초고왕의 상대는 고구려의 고국원왕이었어요. 먼저 고구려의 고국원왕이 군사를 이끌고 백제를 공격하자, 근초고왕은 이를 잘 막아 냈어요. 이후 근초고왕이 군사 3만 명을 이끌고 고구려의 평양성을 공격하면서 성을 넘으려는 백제군과 성을 지키려는 고구려군 사이에 전투가 계속 되었어요. 이 전투에서 백제는 평양성을 빼앗지는 못하였지만, 전투 중에 고국원왕을 전사시키고 황해도 일부 지역을 차지하는 [●]성과를 거두었답니다.

---

① **군사력**: 병력·군비·경제력 따위를 종합한, 전쟁을 수행할 수 있는 능력
② **열세**: 상대편보다 힘이나 세력이 약함.
③ **곡창**: 곡식이 많이 생산되는 지방을 비유적으로 이르는 말
④ **일전**: 한바탕 싸움
⑤ **성과**: 이루어 낸 결실

중심 낱말 찾기

01 다음 ㉠, ㉡에 들어갈 인물을 이 글에서 찾아 각각 쓰세요.

백제의 (㉠)은 평양성을 공격하여 고구려의 (㉡)을 전사시키는 성과를 거두었다.

✎ ㉠: 근초고왕   ㉡: 고국원왕

내용 이해

02 이 글의 내용과 일치하면 ○, 일치하지 않으면 ×에 표시하세요.

① 백제는 고구려를 공격하여 평양성을 빼앗았다. [○ / ⊗] ← 백제는 평양성을 뺏지 못하였어요.
② 근초고왕이 즉위할 당시 백제의 군사력은 고구려보다 약하였다. [Ⓞ / ×]
③ 근초고왕은 아버지가 왕위를 아들에게 물려주는 제도를 만들었다. [Ⓞ / ×]

어휘 확인

03 다음 낱말의 뜻을 찾아 선으로 이으세요.

① 성과 — ㉡ 이루어 낸 결실
② 열세 — ㉢ 상대편보다 힘이나 세력이 약함.
③ 일전 — ㉠ 한바탕 싸움

중심 내용 찾기

04 이 글의 중심 내용으로 알맞은 것은 무엇인가요? [✎ ⑤]

① 근초고왕은 아들에게 왕위를 물려주었다.
② 백제는 고구려에서 갈라져 나온 국가였다.
③ 고구려에 대항하여 백제는 신라와 동맹을 맺었다.
④ 백제는 고구려에 비해 인구나 영토, 군사력이 열세였다.
⑤ 근초고왕은 국력을 키워 고구려의 평양성을 공격하였다.

도움말 | 이 글은 근초고왕이 국력을 키워서 고구려 평양성을 공격한 사실을 다루고 있어요.

020쪽 021쪽

2 해상 왕국을 건설하다

㉮ 한반도에서 세력을 확대한 근초고왕은 해외로 눈을 돌렸어요. 중국의 역사책인 『송서』와 『양서』에는 백제가 중국의 요서 지방과 산둥 지방에 [●]진출하였다는 사실이 기록되어 있어요. 이를 바탕으로 백제는 중국의 문물을 수용하며 나라를 발전시켰답니다.

㉯ 근초고왕은 왜와의 교류도 확대하였어요. 당시 일본은 왜라는 이름으로 불리고 있었지요. 백제는 아직기, 왕인 등의 학자들을 왜에 보내 한자, 유교 등의 선진 문화를 전파하였어요. 이 시기 백제는 [●]우호의 증표로 왜의 왕에게 ㉠ 칠지도를 [●]하사하기도 하였어요. 칠지도는 7개의 가지가 달린 칼로, 실제 싸움에 사용되는 칼이 아닌 제사 의식에 사용되는 것이었어요. 이 칼을 통해 백제와 왜가 가까운 관계였다는 것을 짐작할 수 있고, 백제가 수준 높은 금속 공예 기술을 지녔음도 알 수 있답니다.

㉰ 근초고왕의 통치 아래 백제는 한반도 중남부, 중국, 일본에 영향력을 미치는 강력한 해상 왕국으로 발전하였어요. 백제 사람들도 근초고왕이 [●]개척한 길을 따라 바다 건너 중국, 일본, 동남아시아 등지로 진출하였지요. 이 시기 백제는 삼국 중에서 가장 강력한 국가로 [●]부상하였답니다.

---

⑥ **진출**: 어떤 방면으로 활동 범위나 세력을 넓혀 나아감.
⑦ **우호**: 개인끼리나 나라끼리 서로 사이가 좋음.
⑧ **하사**: 임금이 신하에게, 또는 윗사람이 아랫사람에게 물건을 줌.
⑨ **개척**: 새로운 영역, 운명, 진로 따위를 처음으로 열어 나감.
⑩ **부상**: 어떤 현상이 관심의 대상이 되거나 어떤 사람이 훨씬 좋은 위치로 올라섬.

중심 낱말 찾기

05 이 글의 내용과 일치하도록 괄호 안의 낱말 중 알맞은 것에 ○표 하세요.

① 근초고왕은 우호의 증표로 왜의 왕에게 [(칠지도) / 금동대향로]를 주었다.
② 근초고왕 시기 백제는 [일본 / (중국)]의 요서 지방과 산둥 지방에 진출하였다.

내용 이해

06 다음 내용은 이 글의 ㉮ ~ ㉰ 문단 중 어느 문단과 관련이 깊은지 쓰세요.

왕인은 백제왕의 명령으로 『논어』와 『천자문』을 가지고 일본으로 건너왔다. 그 후 태자의 스승이 되어 여러 서적을 학습시켰다. 이후 왕인의 자손들은 대대로 역사 기록을 맡은 관리로 일본 조정에 봉사하였다.

✎ ㉯ 문단

도움말 | 제시된 글은 왕인이 일본에 가서 문화를 전파한 내용을 다루고 있어요.

어휘 확인

07 다음 문장의 빈칸에 들어갈 낱말을 보기에서 찾아 쓰세요.

보기
개척   부상   우호

① 회사의 계약을 성공시킨 그는 다음 번 회장감으로 (부상)하였다.
② 다른 학급 친구들과의 (우호)을/를 다지기 위해 체육 대회를 열었다.
③ 한국 기업들은 외국에서 새로운 시장을 (개척)하려고 열을 올리고 있다.

내용 추론

08 ㉠에 해당하는 칼로 알맞은 것의 기호를 쓰세요.

(가)   (나)   (다)

✎ (다)

도움말 | (가)는 비파형 동검, (나)는 세형 동검이에요.

022쪽 023쪽

05 광개토 대왕

1) 영토를 크게 확장하다

글을 읽으면서 중요하다고 생각하는 낱말에 색칠해 보세요.

고구려의 제19대 ¹군주인 광개토 대왕은 18세의 어린 나이에 국왕의 자리에 오른 후 활발하게 정복 활동을 펼쳤어요. 광개토 대왕이 ²즉위한 이후 가장 먼저 공격한 나라는 백제였어요. 백제가 과거 고국원왕을 죽인 원수였기 때문이지요. 광개토 대왕은 남쪽으로 백제를 공격해서 백제의 여러 성을 ³함락하고 백제의 수도인 한성 부근까지 ⁴진격하였어요. 결국 백제가 고구려에 항복하면서 고구려는 한강 북쪽의 땅을 차지하게 되었답니다.

남쪽이 안정되자, 광개토 대왕은 북쪽으로 진출하였어요. 그는 고구려를 여러 차례 침공하였던 북방 국가 후연을 공격하였고, 숙신, 부여, 거란 등을 정복하여 옛 고조선의 영토인 ⁵만주 지역을 고구려의 영토로 만들었어요.

광개토 대왕의 정복 활동으로 고구려는 북으로 만주의 헤이룽강, 남으로 한강 이북 지역을 아우르는 강력한 국가로 성장하였어요. 동북아시아의 강대국으로 부상한 것이지요. 사람들은 그를 영토를 크게 넓혔다는 의미에서 '광개토', 크고 위대한 왕이라는 의미에서 '대왕' 또는 '태왕'이라고 부르게 되었답니다.

① 군주: 세습적으로 나라를 다스리는 최고 지위에 있는 사람
② 즉위: 임금이 될 사람이 예식을 치른 뒤 임금의 자리에 오름.
③ 함락: 적의 성, 요새, 진지 등을 공격하여 무너뜨림.
④ 진격: 적을 치기 위하여 앞으로 나아감.
⑤ 만주: 동쪽과 북쪽은 러시아와 접해 있고, 남쪽은 압록강과 두만강을 경계로 한반도와 접해 있는 지역

중심 낱말 찾기
01 다음 빈칸에 들어갈 인물을 이 글에서 찾아 쓰세요.

고구려 제19대 군주인 (　　　　　)의 이름에는 '영토를 크게 넓혔다'는 의미와 '크고 위대한 왕'이라는 의미가 담겨 있다.

✎ 광개토 대왕

내용 이해
02 광개토 대왕이 백제를 공격한 결과를 바르게 말한 어린이는 누구인지 쓰세요.

동주	만주 지역이 고구려 영토가 되었어요.
주순	고구려 고국원왕이 죽임을 당했어요.
해나	고구려가 한강 북쪽의 땅을 차지하였어요.

✎ 해나

도움말 | 광개토 대왕은 백제의 한성 부근까지 진격하여 한강 북쪽의 땅을 차지하였어요.

어휘 확인
03 다음 낱말의 뜻을 찾아 선으로 이으세요.

① 즉위　　　　　ㄱ 적을 치기 위하여 앞으로 나아감.

② 진격　　　　　ㄴ 적의 성, 요새, 진지 등을 공격하여 무너뜨림.

③ 함락　　　　　ㄷ 임금이 될 사람이 예식을 치른 뒤 임금의 자리에 오름.

중심 내용 찾기
04 이 글의 중심 내용으로 알맞은 것은 무엇인가요? [✎ ⑤]

① 고구려는 백제와 사이가 좋지 않았다.
② 광개토 대왕은 어린 나이에 국왕의 자리에 올랐다.
③ 고구려는 북방의 강력한 국가인 후연을 공격하였다.
④ 광개토 대왕은 백제의 수도인 한성 부근까지 진격하였다.
⑤ 광개토 대왕은 활발한 정복 활동으로 고구려의 영토를 크게 넓혔다.

2) 신라를 도와 왜를 격퇴하다

② 광개토 대왕의 업적은 그의 아들인 장수왕이 아버지를 ⁶기리기 위해 세운 광개토 대왕릉비에 자세히 기록되어 있어요. 여기에는 당시 고구려와 신라, 그리고 백제와 가야의 관계를 알 수 있는 중요한 기록이 있답니다.

④ 광개토 대왕의 공격에 세력이 ⁷위축된 백제는 우호 관계에 있던 왜와 가야를 끌어들여 신라를 공격하였어요. 왜의 군대가 쳐들어오자 신라는 고구려 광개토 대왕에게 도움을 요청하였지요. 이에 광개토 대왕은 5만의 군대를 신라에 ⁸파견하였어요. 고구려의 군대가 신라에 도착하자 왜의 군대는 가야 지역으로 도망쳤지만, 광개토 대왕은 끝까지 추격해서 왜와 가야의 군대를 격파하였답니다.

⑤ 광개토 대왕의 정복 활동이 성공을 거두는 데는 그의 뛰어난 전략과 함께 고구려의 철갑기마병이 큰 역할을 하였어요. 철갑기마병은 쇠로 만든 갑옷인 철갑을 두르고 싸운 병사들이에요. 광개토 대왕은 ⁹원거리에서 활을 쏴서 적의 진형을 흩어지게 한 다음에 긴 창을 든 철갑기마병을 투입하여 적군을 ¹⁰섬멸하였어요. 개마무사로도 불리는 철갑기마병이 있었기에 광개토 대왕은 수많은 전투에서 승리할 수 있었답니다.

철갑기마병

⑥ 기리다: 뛰어난 업적이나 바람직한 정신, 위대한 사람 등을 칭찬하고 기억하다.
⑦ 위축: 어떤 힘에 눌려 졸아들고 기를 펴지 못함.
⑧ 파견: 일정한 임무를 주어 사람을 보냄.
⑨ 원거리: 먼 거리
⑩ 섬멸: 모조리 무찔러 멸망시킴.

중심 낱말 찾기
05 각 문단의 중심 낱말을 찾아 쓰세요.

② 문단: 광개토 대왕의 업적이 기록된 **광개토대왕릉비**

④ 문단: **신라**를 도와 왜를 격파한 광개토 대왕

⑤ 문단: 수많은 전투에서 활약한 **철갑기마병**

내용 이해
06 이 글의 내용과 일치하지 않는 것은 무엇인가요? [✎ ③]

① 백제는 가야와 우호 관계에 있었다.
② 철갑기마병은 개마무사로도 불렸다.
③ 왜군은 고구려 군대를 피해 백제로 도망쳤다.
④ 고구려군은 신라에 쳐들어온 왜군을 격파하였다.
⑤ 장수왕은 광개토 대왕의 업적을 기념하기 위해 비석을 세웠다.

도움말 | ③ 왜군은 고구려 군대를 피해 가야 지역으로 도망쳤어요.

어휘 확인
07 다음 문장의 빈칸에 들어갈 낱말을 [보기]에서 찾아 쓰세요.

보기
섬멸　　　위축　　　파견

① 정부는 산사태가 일어난 지역에 의료진을 (파견)하였다.

② 우리나라 독립군은 일본군을 골짜기로 유인하여 (섬멸)하였다.

③ 전쟁으로 국제 경제가 불안해지면서 국내 경제도 (위축)되었다.

내용 추론
08 다음과 같은 상황이 전개된 배경을 이 글의 내용을 바탕으로 쓰세요.

광개토 대왕이 고구려를 다스린 시기에 고구려는 신라에 대한 영향력을 확대하였다.

✎광개토 대왕이 신라에 침입한 왜를 격퇴하는 데 도움을 주었기 때문이다.

06 장수왕

1 남진 정책을 추진하다

글을 읽으면서 주요하다고 생각하는 낱말에 색칠해 보세요.

광개토 대왕의 뒤를 이어 장수왕이 고구려의 왕이 되었어요. 장수왕은 97세까지 살면서 80년 가까이 고구려를 통치하였어요. 그래서 오래 살았다는 의미로 '장수왕'이라 불리게 되었지요. 그가 ①재위하는 동안 고구려는 최고의 ②전성기를 맞이하였답니다.

장수왕은 남쪽으로 영토를 넓히려는 ③남진 정책을 추진하였어요. 이를 위해 국내성에서 평양성으로의 천도를 ④단행하였지요. 평양성은 국내성보다 터가 넓어 사람들이 살기에 좋았고, 백제, 신라의 국경선과 가까운 지역이어서 남진 정책에도 적합하였어요.

고구려의 남진 정책에 위협을 느낀 백제와 신라는 동맹을 맺어 고구려에 ⑤대항하고자 하였어요. 하지만 장수왕은 백제의 수도인 한성을 함락하고, 백제의 개로왕을 죽여 한강 유역을 차지하였지요. 장수왕은 신라도 공격하여 신라의 여러 성을 빼앗고 지금의 경상북도 일부 지역까지 영토를 확장하였지요. 그리고 고구려의 성공적인 남진을 기념하기 위해 충주에 중원 고구려비를 세웠답니다.

- ① 재위: 임금의 자리에 있음. 또는 그런 동안
- ② 전성기: 형세나 세력 등이 한창 왕성한 시기
- ③ 남진: 남쪽으로 나아감.
- ④ 단행: 결단하여 실행함.
- ⑤ 대항: 굽히거나 지지 않으려고 맞서서 버티거나 반항함.

중심 낱말 찾기
01 다음 밑줄 친 '정책'은 무엇인지 이 글에서 찾아 쓰세요.

> 장수왕은 고구려 영토를 남쪽으로 넓히려는 정책을 추진하였다.

✎ 남진 정책

도움말 | 남진 정책은 남쪽으로 나아가는 정책을 말해요. 장수왕은 남진 정책으로 영토를 넓혔어요.

내용 이해
02 다음 사건이 일어난 순서에 맞게 번호를 쓰세요.

3	4	2	1
장수왕이 백제의 수도 한성을 함락하였다.	고구려의 남진을 기념하는 중원 고구려비를 세웠다.	백제와 신라가 고구려에 대항하기 위해 동맹을 맺었다.	장수왕은 남진 정책을 추진하기 위해 평양성으로 천도하였다.

도움말 | '장수왕의 평양성 천도 → 백제와 신라의 동맹 체결 → 장수왕의 한성 함락 → 중원 고구려비 건립'의 순서로 일어났어요.

어휘 확인
03 다음 낱말의 뜻을 찾아 선으로 이으세요.

① 단행 ―――――――――――― ㉠ 결단하여 실행함.

② 대항 ―――――――――――― ㉡ 임금의 자리에 있음. 또는 그런 동안

③ 재위 ―――――――――――― ㉢ 굽히거나 지지 않으려고 맞서서 버티거나 반항함.

증심 내용 찾기
04 다음 빈칸을 채워 이 글의 내용을 정리해 보세요.

> 고구려의 장수왕 은 남진 정책을 추진하여 영토를 확장하고 이를 기념하기 위해 충주에 중원고구려비 를 세웠다.

028쪽 029쪽

2 외교를 통해 안정을 꾀하다

장수왕의 남진 정책이 성공을 거둔 이유 중 하나는 고구려가 ⑥북방의 중국과 좋은 관계에 있었기 때문이에요. 광개토 대왕이 정복 활동을 통해 북방을 안정시킨 것과 달리 장수왕은 외교를 통해 북방을 안정시키고, 남쪽으로 진출하는 데 총력을 다할 수 있었던 것이지요.

당시 중국은 여러 나라로 분열된 남북조 시대였어요. 가장 북쪽 지역에는 북연, 그 아래에는 북위, 남쪽 지역에는 송나라가 있었고, 이 세 나라는 끊임없이 싸우는 상황이었어요. 장수왕은 이들 세 나라와 모두 우호 관계를 맺는 한편, 이들의 갈등 관계를 적절하게 이용해서 ⑦실리를 챙겼어요. 이러한 적극적인 외교에 힘입어 고구려의 국제적 ⑧위상은 매우 높았지요. 그래서 고구려 사신도 중국에서 좋은 대우를 받았답니다.

장수왕의 외교는 백제와의 싸움에서 큰 힘이 되었어요. 고구려에 위협을 느낀 백제의 개로왕은 북위에 사신을 보내 고구려를 공격하기 위한 ⑨원군을 요청하였는데, 북위는 이 사실을 오히려 장수왕에게 알려 주었거든요. 이처럼 장수왕의 외교는 고구려가 ⑩번영하는 기반이 되었답니다.

- ⑥ 북방: 북쪽 지방
- ⑦ 실리: 실제로 얻는 이익
- ⑧ 위상: 어떤 사물이 다른 사물과의 관계 속에서 가지는 위치나 상태
- ⑨ 원군: 전투에서 자기편을 도와주는 군대
- ⑩ 번영: 번성하고 영화롭게 됨.

증심 낱말 찾기
05 이 글의 내용과 일치하도록 괄호 안의 낱말 중 알맞은 것에 ◯표 하세요.

① 장수왕은 [외교] 전쟁]을/를 통해 북방을 안정시켰다.
② 장수왕은 북연, 북위, 송나라와 [대립,(우호)] 관계를 맺었다.

내용 이해
06 이 글의 내용과 일치하지 않는 것은 무엇인가요? [✎ ①]

① 북위는 백제에 지원군을 파견하였다.
② 장수왕은 중국과의 관계에서 실리를 챙겼다.
③ 고구려의 사신은 중국에서 좋은 대우를 받았다.
④ 장수왕은 외교를 통해 북방을 안정시키려 하였다.
⑤ 장수왕은 북연, 북위, 송나라와 우호 관계를 맺었다.

도움말 | ① 백제가 북위에 원군을 요청하자, 북위는 이 사실을 고구려 장수왕에게 알렸어요.

어휘 확인
07 다음 문장의 빈칸에 들어갈 낱말을 보기 에서 찾아 쓰세요.

보기		
번영	실리	위상

① 그 집안은 대대손손으로 (번영)을/를 누렸다.
② 그는 이번 거래에서 (실리)이/가 있는지 확인한 후에 계약하였다.
③ 서울 올림픽은 우리나라의 국제적 (위상)을/를 높이는 계기가 되었다.

내용 추론
08 장수왕의 외교 정책을 바르게 평가한 어린이는 누구인지 쓰세요.

나희 | 외세에 지나치게 의존하였어.
문영 | 전쟁을 하지 않고도 북방을 안정시킬 수 있었어.
한수 | 송나라와의 외교에 치중하여 다른 북방 국가의 불만을 샀어.

✎ 문영

도움말 | 장수왕은 북방 국가들과 우호 관계를 맺어 전쟁을 하지 않고 북방을 안정시켰어요.

030쪽 031쪽

07 성왕

1 백제를 다시 일으키다

글을 읽으면서 중요하다고 생각하는 낱말에 색칠해 보세요.

고구려에 수도를 빼앗기고 국력이 크게 약해진 백제는 성왕 때 다시금 일어날 수 있는 ①발판을 마련하였어요. 성왕은 아버지 무령왕을 이어 백제의 ②부흥을 위한 여러 정책을 시행하였지요. 역사책 『삼국사기』에는 성왕이 똑똑하고 ③비범하며 ④결단력이 있었던 인물이라고 쓰여 있답니다.

성왕은 우선 웅진(지금의 공주)을 떠나 사비(지금의 부여)로 수도를 옮겼어요. 웅진은 방어에는 유리하였으나 땅이 비좁았는데, 사비는 농사지을 땅이 넓고 옆으로 흐르는 백강이 깊어 다른 나라들과 교류하기 좋았기 때문이에요. 성왕은 사비를 새로운 수도로 삼아 백제의 부흥을 이끌려고 하였지요. 백제가 사비성에 자리잡고 항구를 만들자, 중국과 일본뿐만 아니라 서역의 먼 나라들도 이곳을 오갔답니다.

성왕은 백제의 뿌리가 부여에 있음을 강조하기 위해 나라 이름을 '남부여'로 바꾸고, 고구려와의 전쟁에 ⑤전력을 다할 준비를 하였어요. 성왕의 노력 덕분에 백제는 예전의 영광을 꿈꿀 수 있는 나라로 성장해 갔답니다.

---

① 발판: 다른 곳으로 진출하기 위하여 이용하는 수단을 비유적으로 이르는 말
② 부흥: 쇠퇴하였던 것이 다시 일어남. 또는 그렇게 되게 함.
③ 비범: 보통 수준보다 훨씬 뛰어남.
④ 결단력: 결정적인 판단을 하거나 단정을 내릴 수 있는 능력
⑤ 전력: 오로지 한 가지 일에 온 힘을 다함.

중심 낱말 찾기
01 이 글의 내용과 일치하도록 괄호 안의 낱말 중 알맞은 것에 ○표 하세요.

① 성왕은 [사비 / 웅진](으)로 수도를 옮겼다.

② 성왕은 나라 이름을 [남부여 / 후백제]로 바꾸었다.

내용 이해
02 성왕이 사비를 새로운 수도로 삼은 까닭으로 알맞은 것은 무엇인가요? [⑤]

① 사비가 웅진보다 방어에 유리하였기 때문에
② 백제의 뿌리가 부여에 있다는 사실을 강조하기 위해서
③ 아버지인 무령왕이 사비로의 천도를 명령하였기 때문에
④ 고구려와 가까운 곳으로 이동하여 우호 관계를 맺기 위해서
⑤ 사비는 옆으로 흐르는 백강이 깊어 다른 나라들과 교류하기 좋았기 때문에

도움말 | 사비는 농사지을 땅이 넓고, 옆으로 흐르는 백강이 깊어 다른 나라들과 교류하기에 좋았어요.

어휘 확인
03 다음 문장의 빈칸에 들어갈 낱말을 <보기>에서 찾아 쓰세요.

보기
| 부흥 | 비범 | 전력 |

① 그 가수는 (비범)한 노래 실력을 가지고 있다.

② 정부는 경제 (부흥)을 위한 새로운 정책을 발표하였다.

③ 다운이는 체육 대회에서 1등을 하기 위해 (전력)을 다하였다.

내용 추론
04 이 글을 참고하여 다음 자료의 밑줄 친 '왕'은 누구인지 쓰세요.

왕의 이름은 명농이니 무령왕의 아들이었다. 지혜와 식견이 뛰어나고 일을 처리함에 결단성이 있었다. 무령왕이 죽고 왕위에 올랐다. – 『삼국사기』

성왕

도움말 | 성왕은 무령왕의 아들이고, 『삼국사기』에 똑똑하고 결단력 있다고 쓰여 있어요.

2 한강을 되찾기 위한 노력

성왕은 백제의 ⑥숙원 과제였던 한강 유역을 되찾기 위해 노력하였어요. 그는 옛 수도가 있었던 한강 유역을 회복해야 백제의 영광을 ⑦재현할 수 있다고 생각하였거든요. 그런데 고구려의 군사력은 강하였기 때문에 백제는 동맹 관계에 있던 신라와 함께 연합군을 ⑧편성하였답니다.

백제와 신라의 연합군은 고구려의 남평양을 공격하여 ⑨기선을 제압하였어요. 그리고 여러 전투를 거쳐 한강 북쪽 지역으로 고구려 군대를 몰아냈지요. 백제와 신라는 미리 약속한 대로 백제가 한강 하류 지역을 차지하고, 신라가 한강 상류 지역을 차지하였어요. 백제는 다시금 근초고왕 시기의 영광을 되찾는 듯 보였어요.

하지만 신라의 진흥왕이 백제군을 기습 공격하여 한강의 모든 지역을 차지해 버렸어요. 이에 성왕은 가야, 왜와 연합군을 결성하고 신라의 관산성을 공격하였지요. 이를 관산성 전투라고 해요. 관산성 전투 초기에는 백제의 연합군이 우세하였어요. 그러나 성왕이 관산성에 오는 길목에 ⑩매복해 있던 신라군에게 목숨을 잃어, 백제의 부흥도 물거품이 되고 말았답니다.

백제의 왕을 잡았다!

---

⑥ 숙원: 오래전부터 품어 온 염원이나 소망
⑦ 재현: 다시 나타남. 또는 다시 나타냄.
⑧ 편성: 예산·조직·대오 따위를 짜서 이룸.
⑨ 기선: 운동 경기나 싸움 따위에서 상대편의 세력이나 기세를 억누르기 위하여 먼저 행동하는 것
⑩ 매복: 상대편의 동태를 살피거나 불시에 공격하려고 일정한 곳에 몰래 숨어 있음.

중심 낱말 찾기
05 다음 밑줄 친 '이곳'은 어디인지 이 글에서 찾아 쓰세요.

• 백제는 신라와 연합군을 편성하여 고구려를 공격하고 이곳의 하류 지역을 차지하였다.
• 신라의 진흥왕이 백제군을 기습 공격하여 이곳의 모든 지역을 차지해 버리자, 백제의 성왕은 가야, 왜와 연합군을 결성하고 신라의 관산성을 공격하였다.

한강

도움말 | 고구려, 백제, 신라는 한강 유역을 두고 경쟁하였어요.

내용 이해
06 다음 내용이 맞으면 ○, 틀리면 ✕에 표시하세요.

성왕은 신라와 함께 고구려를 한강 유역에서 몰아냈어요.

① 성왕 시기 백제는 단독으로 고구려를 한강 유역에 몰아냈다. [○ / ✕]

② 성왕이 신라군을 기습 공격하여 한강의 모든 지역을 차지하였다. [○ / ✕]
신라가 백제를 공격하여 한강의 모든 지역을 차지하였어요.

③ 백제와 신라의 연합군은 고구려를 공격하여 백제는 한강 하류 지역을, 신라는 한강 상류 지역을 차지하기로 약속하였다. [○ / ✕]

어휘 확인
07 다음 낱말의 뜻을 찾아 선으로 이으세요.

① 기선 — ㉠ 오래전부터 품어 온 염원이나 소망

② 매복 — ㉡ 상대편의 동태를 살피거나 불시에 공격하려고 일정한 곳에 몰래 숨어 있음.

③ 숙원 — ㉢ 운동 경기나 싸움 따위에서 상대편의 세력이나 기세를 억누르기 위하여 먼저 행동하는 것

중심 내용 찾기
08 다음 빈칸을 채워 이 글의 내용을 정리해 보세요.

백제의 성왕 은 신라와 연합하여 고구려로부터 한강 하류를 되찾았으나, 신라의 진흥왕에게 이를 다시 빼앗기고 관산성 전투에서 사망하였다.

08 진흥왕

① 신라를 강국으로 만들다

글을 읽으면서 중요하다고 생각하는 낱말에 색칠해 보세요.

신라는 고구려, 백제보다 발전이 ❶더디게 진행되었어요. ❷왜구가 ❸빈번히 해안가를 침략하였고, 중국과 직접 교류하기 힘든 지역에 위치해서 선진 문물을 수용하는 데에도 어려움을 겪었기 때문이에요. 이러한 상황에서 국왕의 자리에 오른 진흥왕은 신라를 강국으로 만들고자 하였어요.

진흥왕은 백제와 함께 고구려를 공격하여 한강 유역을 빼앗고 한강 상류를 차지하였어요. 당시 한강 유역은 농사를 짓기 알맞고 사람과 물자의 이동이 편리한 교통의 ❹요지인 데다 중국과 교류를 할 수 있는 중요한 길목이었지요. 이에 진흥왕은 과감하게 동맹을 깨고 백제를 공격하여 한강 하류의 땅까지 차지하였어요. ㉠ 한강 유역을 모두 점령한 신라는 이제 한반도에서 ❺주도권을 잡게 되었답니다.

또한 진흥왕은 남쪽으로는 대가야를 정복하여 가야 연맹을 소멸시켰고, 북쪽으로는 함흥평야까지 영토를 확장하였어요. 그 결과 진흥왕 시기 신라는 건국 이래 최대 영토를 가지게 되었어요. 진흥왕은 새로 영토가 된 지역을 둘러보고, 국경 곳곳에 순수비를 세웠답니다.

한강 유역을 직접 돌아본 것을 기념하여 순수비를 세웠소.

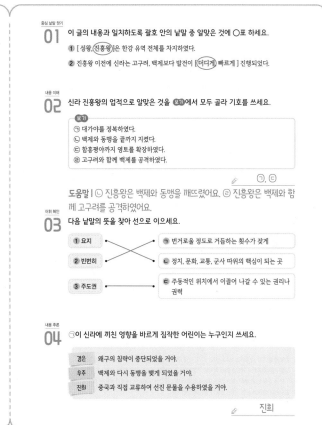

서울 북한산 신라 진흥왕 순수비

❶ 더디다: 어떤 움직임이나 일에 시간이 오래 걸리다.
❷ 왜구: 우리나라 해안을 무대로 약탈을 일삼던 일본 해적
❸ 빈번히: 번거로울 정도로 거듭하는 횟수가 잦게
❹ 요지: 정치, 문화, 교통, 군사 따위의 핵심이 되는 곳
❺ 주도권: 주동적인 위치에서 이끌어 나갈 수 있는 권리나 권력

중심 낱말 찾기

01 이 글의 내용과 일치하도록 괄호 안의 낱말 중 알맞은 것에 ○표 하세요.

❶ [성왕, (진흥왕)]은 한강 유역 전체를 차지하였다.

❷ 진흥왕 이전에 신라는 고구려, 백제보다 발전이 [(더디게), 빠르게] 진행되었다.

036쪽
037쪽

내용 이해

02 신라 진흥왕의 업적으로 알맞은 것을 보기에서 모두 골라 기호를 쓰세요.

보기
㉠ 대가야를 정복하였다.
㉡ 백제와 동맹을 끝까지 지켰다.
㉢ 함흥평야까지 영토를 확장하였다.
㉣ 고구려와 함께 백제를 공격하였다.

㉠, ㉢

도움말 | ㉡ 진흥왕은 백제와 동맹을 깨뜨렸어요. ㉣ 진흥왕은 백제와 함께 고구려를 공격하였어요.

어휘 확인

03 다음 낱말의 뜻을 찾아 선으로 이으세요.

1 요지		㉠ 번거로울 정도로 거듭하는 횟수가 잦게
2 빈번히		㉡ 정치, 문화, 교통, 군사 따위의 핵심이 되는 곳
3 주도권		㉢ 주동적인 위치에서 이끌어 나갈 수 있는 권리나 권력

내용 추론

04 ㉠이 신라에 끼친 영향을 바르게 짐작한 어린이는 누구인지 쓰세요.

경수 : 왜구의 침략이 중단되었을 거야.
우주 : 백제와 다시 동맹을 맺게 되었을 거야.
진희 : 중국과 직접 교류하여 선진 문물을 수용하였을 거야.

진희

---

② 화랑도를 조직하다

나라가 발전하기 위해서는 인재가 필요해요. 특히, 신라와 같이 국력이 약하고 발전도 더딘 나라에서는 ❶유능하고 똑똑한 인재가 매우 소중하였지요. 그래서 진흥왕은 나라를 이끌어 나갈 인재들을 ❷양성하기 위해 청소년 단체인 화랑도를 만들었어요.

화랑도는 용모가 단정하고 ❸품행이 우수하여 '꽃다운 사내'로 뽑힌 화랑과 그를 따르는 낭도로 이루어졌어요. 보통 화랑은 3~4명, 많게는 7~8명이었고, 이를 따르는 낭도는 수천 명이었어요. 화랑과 낭도는 경치 좋은 ❹산천을 돌아다니며 공부를 하고 무예를 갈고닦았어요. 화랑은 낭도들과 어울려 생활하면서 끈끈한 관계를 맺었고, 이를 바탕으로 지도자의 자질을 기를 수 있었답니다.

진흥왕 때 만들어진 화랑도는 이후 신라가 삼국을 통일하는 과정에서 중요한 역할을 하였어요. 대표적인 화랑으로는 통일 전쟁을 이끈 김유신과 황산벌 전투에서 활약한 관창 등이 있었어요. 이들의 뛰어난 활약 덕에 훗날 신라는 삼국을 통일할 수 있었답니다.

❶ 유능: 어떤 일을 남보다 잘하는 능력이 있음.
❷ 양성: 가르쳐서 유능한 사람을 길러 내거나 실력·역량 따위를 길러서 발전시킴.
❸ 용모: 사람의 얼굴 모양
❹ 품행: 품성과 행실을 아울러 이르는 말
❺ 산천: 산과 내를 아울러 이르는 말

중심 낱말 찾기

05 다음에서 설명하는 단체를 이 글에서 찾아 쓰세요.

진흥왕 때 만들어진 청소년 단체로, 화랑과 그를 따르는 낭도로 이루어졌다.

화랑도

038쪽
039쪽

내용 이해

06 이 글의 내용과 일치하면 ○, 일치하지 않으면 ✕에 표시하세요.

❶ 김유신은 낭도 출신이었다. [○ (✕)] → 김유신은 화랑 출신이에요.

❷ 화랑도는 인재를 양성하기 위해 만들어졌다. [(○) ✕]

어휘 확인

07 다음 문장의 빈칸에 들어갈 낱말을 보기에서 찾아 쓰세요.

보기
양성   용모   품행

❶ 내 친구는 (품행)이/가 바르고 선생님들께 인사도 잘한다.

❷ 사범 대학은 훌륭한 교육자의 (양성)을/를 목적으로 한다.

❸ 그의 (용모)을/를 보아서는 그가 어느 나라 사람인지 알기 어려웠다.

내용 추론

08 이 글과 다음 자료를 통해 짐작한 사실로 적절한 것은 무엇인가요? [⑤]

화랑은 보통 신라에서 신분이 가장 높은 진골 귀족에서 뽑혔다. 그리고 낭도는 진골 귀족보다 신분이 낮은 귀족부터 평민까지 다양한 신분으로 이루어졌다. 화랑과 낭도는 서로 어울려 다니면서 끈끈한 유대감을 쌓아 나갔다.

① 귀족은 낭도가 될 수 없었을 거야.
② 화랑도는 전쟁에는 참여하지 않았을 거야.
③ 삼국 통일 이전에 화랑도는 폐지되었을 거야.
④ 화랑은 나라 전체에서 1명만 될 수 있었을 거야.
⑤ 화랑도는 신분 간 갈등이 완화되는 데 기여하였을 거야.

도움말 | 가장 높은 신분인 화랑과 그보다 낮은 신분인 낭도가 함께 어울리며 유대감을 쌓는 일은 신분 간 갈등을 완화하는 데 도움을 주었어요.

09 을지문덕

1 수나라와의 전쟁을 위한 준비

040쪽
041쪽

글을 읽으면서 중요하다고 생각하는 낱말에 색칠해 보세요.

을지문덕이 활동할 당시 국제 정세는 긴박하게 돌아갔어요. 6세기 말 수나라가 여러 나라로 분열되었던 중국 지역을 하나로 통일하고, 외부로 ①팽창하는 정책을 추진하였기 때문이에요. 그동안 중국의 분열을 이용하여 독자적인 세력을 유지하던 고구려는 새롭게 등장한 수나라에 맞서는 대책을 세워야 하였어요.

고구려는 수나라의 침공에 대비하여 북쪽의 초원 지대에 있는 ②돌궐과 동맹을 맺었어요. 그리고 수나라의 영토인 요서 지방을 선제공격하기도 하였어요. 이를 시작으로 고구려와 수나라 간의 긴 전쟁이 벌어졌답니다.

내 반드시 군대를 보내 고구려를 정벌할 것이다.

을지문덕이 고구려군을 이끌 당시 수나라는 양제가 지배하였어요. 양제는 아버지 문제가 30만 군대로 고구려 원정에 나섰다가 실패한 사실을 ③본보기로 삼아 무려 100만이 넘는 대군을 동원하여 고구려를 공격하였답니다.

고구려의 ④명운이 걸려 있는 전쟁이기에 고구려 영양왕은 믿음직한 을지문덕에게 이번 전쟁을 맡겼어요. 을지문덕은 적의 군사가 많은 만큼 ⑤보급 문제가 생길 것이라고 예상하고, 이를 공략할 수 있는 전략을 수립해 나갔어요.

① 팽창: 수량이 본디의 상태보다 늘어나거나 범위, 세력 따위가 본디의 상태보다 커지거나 크게 발전함.
② 돌궐: 6세기 중엽부터 약 200년 동안 북방의 초원 지역을 지배한 터키계 유목 민족. 또는 그 국가
③ 본보기: 본을 받을 만한 대상 또는 어떤 사실을 설명하거나 증명하기 위하여 내세워 보이는 대표적인 것
④ 명운: 앞으로의 생존과 사망, 또는 존속과 멸망에 관한 처지
⑤ 보급: 물자나 자금 따위를 계속해서 대어 줌.

중심 낱말 찾기

01 이 글의 내용과 일치하도록 괄호 안의 낱말 중 알맞은 것에 ◯표 하세요.

① 고구려는 [북위, (수나라)]의 침공에 대비하여 돌궐과 동맹을 맺었다.
② 수나라의 [문제, (양제)]는 100만이 넘는 대군을 동원해 고구려를 공격하였다.

내용 이해

02 이 글의 내용과 일치하지 않는 것은 무엇인가요? [✎ ④]

① 6세기 말 수나라가 중국을 통일하였다.
② 고구려가 수나라의 요서 지방을 선제공격하였다.
③ 영양왕은 을지문덕에게 수나라와의 전쟁을 맡겼다.
④ 고구려는 수나라 문제의 침입을 막아 내지 못하였다.
⑤ 고구려는 수나라의 침공에 대비하여 돌궐과 동맹을 맺었다.

도움말 | ④ 고구려는 수나라 문제의 침입을 막아 냈어요.

어휘 확인

03 다음 낱말의 뜻을 찾아 선으로 이으세요.

① 명운 • • ㉠ 앞으로의 생존과 사망, 또는 존속과 멸망에 관한 처지

② 팽창 • • ㉡ 수량이 본디의 상태보다 늘어나거나 범위, 세력 등이 본디의 상태보다 커지거나 크게 발전함.

③ 본보기 • • ㉢ 본을 받을 만한 대상 또는 어떤 사실을 설명하거나 증명하기 위하여 내세워 보이는 대표적인 것

중심 내용 찾기

04 다음 빈칸을 채워 이 글의 내용을 정리해 보세요.

수나라의 양제 가 100만이 넘는 대군을 동원해 고구려를 침입해 오자 고구려의 을지문덕 은 수나라를 공략할 수 있는 전략을 수립해 나갔다.

2 살수 대첩을 승리로 이끌다

042쪽
043쪽

수나라 군대는 고구려의 요동성을 공격하였어요. 하지만 고구려 군대가 성 밖으로 나오지 않고 방어에 ⑥주력하여 수군은 고구려 성을 함락하지 못하였어요. 별다른 성과 없이 전쟁이 길어지자, 수나라의 양제는 ⑦별동대를 조직하여 고구려 수도인 평양성을 직접 공격하게 하였답니다.

수나라 군대가 평양성을 향해 진격하자, 을지문덕은 청야 ⑧전술을 사용하였어요. 청야 전술이란 적이 사용할 만한 식량과 물자를 전부 없애 버리는 전술이에요. 사람들은 들판이나 집 안에 있는 곡식을 모두 불태우고 성에 들어가 끈질기게 버티었어요. 수나라 군대는 고구려 영토에서 굶주린 상태로 진격할 수밖에 없었지요.

을지문덕은 또다른 ⑨기지를 발휘하였어요. 그는 정면 대결을 피하고 작은 싸움을 걸거나, 도망치는 척하면서 수나라 군대를 지치게 하였어요. 오랜 기간의 이동과 굶주림으로 지쳐 있던 수나라 군대는 결국 고구려에서 ⑩철수하기로 결정하였어요. 때를 엿보던 을지문덕은 철수하던 수나라 군대를 살수에서 기습 공격하여 크게 승리하였어요. 이 전투가 612년에 일어난 살수 대첩이에요.

도망가는 척 하면서 수나라 군대의 힘을 빼 놓아야지.

모두 공격하라!

⑥ 주력: 어떤 일에 온 힘을 기울임.
⑦ 별동대: 작전을 위하여 본대에서 따로 떨어져 나와 독자적으로 행동하는 부대
⑧ 전술: 전쟁 또는 전투 상황에 대처하기 위한 기술과 방법
⑨ 기지: 경우에 따라 재치 있게 대응하는 지혜
⑩ 철수: 진출하였던 곳에서 시설이나 장비 따위를 거두어 가지고 물러남.

중심 낱말 찾기

05 다음에서 설명하는 사건을 이 글에서 찾아 쓰세요.

을지문덕이 고구려군이 철수하는 수나라 군대를 살수에서 크게 격파한 전투이다.

✎ 살수 대첩

도움말 | 을지문덕은 612년 살수 대첩에서 철수하는 수나라 군대를 공격하여 크게 승리하였어요.

내용 이해

06 다음은 수나라와 고구려의 전쟁 과정을 정리한 것이에요. ㉠에 들어갈 내용으로 알맞은 것은 무엇인가요? [✎ ⑤]

| 수군의 요동성 공격 | → | ㉠ | → | 살수 대첩 발발 |

① 고구려의 원군 파견 ② 백제와 신라의 동맹 ③ 수나라의 중국 통일
④ 수나라 문제의 공격 ⑤ 수나라 별동대의 평양성 공격

어휘 확인

07 다음 문장의 빈칸에 들어갈 낱말을 보기에서 찾아 쓰세요.

보기
기지   주력   철수

① 그는 (기지)을/를 발휘하여 위기에서 벗어났다.
② 시위가 끝나자 경찰들은 현장에서 (철수)하였다.
③ 과거 우리나라 정부는 수출을 늘리는 데 (주력)하였다.

내용 추론

08 고구려가 수나라 군대를 물리칠 수 있었던 까닭을 잘못 말한 어린이는 누구인지 쓰세요.

민기 고구려 백성들이 동참하였기 때문이에요.
세희 을지문덕의 뛰어난 전략이 있었기 때문이에요.
희준 백제와 신라가 고구려를 도와주었기 때문이에요.

✎ 희준

도움말 | 을지문덕의 전략과 백성들의 청야 전술 동참이 고구려의 승리에 큰 힘이 되었어요.

10 선덕 여왕

1 우리나라 최초의 여왕

글을 읽으면서 중요하다고 생각하는 낱말에 색칠해 보세요.

선덕 여왕은 우리나라 역사상 최초의 여왕이에요. 신라에서는 ①성골 출신이 임금이 되었는데, 진평왕에게 아들이 없었기 때문에 딸인 덕만 공주가 왕위에 올라 선덕 여왕이 되었어요.

꽃에 나비가 없군.

선덕 여왕은 매우 지혜로운 왕이었어요. 『삼국유사』에 쓰인 다음 이야기에서 이를 엿볼 수 있지요. 어느 날 당나라의 황제 태종이 선덕 여왕에게 모란꽃이 그려진 그림과 모란꽃의 씨앗을 보내 왔어요. 선덕 여왕은 그림을 본 후 이 씨앗에서 난 꽃은 향기가 없을 것이라고 ②예언하였는데, 진짜로 꽃에서 향기가 나지 않았어요. 놀란 신하들이 선덕 여왕에게 그렇게 생각한 연유를 묻자, 여왕은 그림 속에 나비가 없기 때문이라고 대답하였습니다.

선덕 여왕은 신라의 위기에도 지혜롭게 대처하였어요. 당시 고구려와 백제는 본격적으로 신라를 공격해 왔어요. 이에 선덕 여왕은 김유신을 대장군으로 임명하여 백제의 공격에 대처하는 한편, 당나라와의 ③외교를 강화해서 신라가 ④고립되는 상황을 피하고자 하였지요. 이러한 노력에 힘입어 이후 신라와 당나라의 동맹이 더욱 ⑤굳건해질 수 있었답니다.

---

① 성골: 신라의 신분제인 골품 제도 중 가장 최상위에 있는 신분으로, 부모가 모두 왕족인 사람이 될 수 있었음.
② 예언: 앞으로 다가올 일을 미리 알거나 짐작해서 말함.
③ 외교: 다른 나라와 정치적, 경제적, 문화적 관계를 맺는 일
④ 고립: 다른 사람과 어울리어 사귀지 아니하거나 도움을 받지 못하여 외톨이로 됨.
⑤ 굳건하다: 뜻이나 의지가 굳세고 건실하다.

중심 낱말 찾기

01 이 글의 내용과 일치하도록 괄호 안의 낱말 중 알맞은 것에 ○표 하세요.

① 선덕 여왕은 [(성골) 진골] 출신으로 왕위에 올랐다.
② 선덕 여왕은 고구려와 백제의 공격에 대처하기 위해 [(당나라) 수나라]와의 외교를 강화하였다.

내용 이해

02 다음 자료의 ㉠, ㉡에 들어갈 낱말을 이 글에서 찾아 각각 쓰세요.

> 여러 신하들이 선덕 여왕에게 아뢰었다. "어떻게 (㉠   )꽃에 향기가 없는지 아셨습니까?" 왕이 대답하였다. "꽃을 그렸는데 (㉡   )가 없으므로 그 향기가 없는 것을 알 수 있었다. 이것은 당나라 임금이 나에게 짝이 없는 것을 희롱한 것이다." — 『삼국유사』

㉠: 모란   ㉡: 나비

도움말| 선덕 여왕은 모란꽃 그림에 나비 그림이 없다는 것을 알고 꽃에 향기가 없다고 말하였어요.

어휘 확인

03 다음 낱말의 뜻을 찾아 선으로 이으세요.

1 고립 • — ㉠ 앞으로 다가올 일을 미리 알거나 짐작하여 말함.
2 예언 • — ㉡ 다른 나라와 정치적, 경제적, 문화적 관계를 맺는 일
3 외교 • — ㉢ 다른 사람과 어울리어 사귀지 아니하거나 도움을 받지 못하여 외톨이로 됨.

중심 내용 찾기

04 다음 빈칸을 채워 이 글의 내용을 정리해 보세요.

신라의 선덕 여왕은 우리나라 역사상 최초의 여왕으로, 지혜롭게 나라를 다스렸다.

044쪽 045쪽

2 뛰어난 문화유산을 남기다

선덕 여왕이 나라를 통치한 시기에 신라는 어려움을 많이 겪었어요. ⑥대외적으로 고구려와 백제가 자주 침략하였고, 내부에서는 여자가 왕이 된 것을 못마땅하게 여긴 사람들이 반란을 일으켰기 때문이에요. 선덕 여왕은 이러한 ⑦국난을 극복하고 왕의 권위를 바로 세우기 위해 첨성대와 황룡사 9층 목탑 등을 만들었어요.

첨성대는 하늘의 별, 해와 달의 모습을 ⑧관측하는 시설로 추정하고 있어요. 선덕 여왕은 첨성대를 통해 국가의 ⑨길흉을 점치고, 자신이 하늘의 뜻에 따라 신라를 통치하고 있다는 것을 백성에게 보여 주고자 하였지요. 한편, 세계에서 가장 오래된 천문대인 첨성대는 신라의 과학 기술 수준이 얼마나 뛰어났는지를 보여 준답니다.

황룡사에 세워진 황룡사 9층 목탑은 당시 경주 시내 어디에서나 보일 정도로 ⑩웅장하였다고 해요. 목탑의 9개 층은 신라 주변의 백제, 왜, 말갈 등의 9개 나라를 의미하였는데, 이 탑을 세움으로써 이웃 나라들의 침략을 막고 신라가 ⑪강성해질 것이라고 믿었어요. 하지만 안타깝게도 고려 시대에 몽골이 침입하면서 황룡사가 불타 버려 현재는 황룡사 9층 목탑을 볼 수 없답니다.

---

⑥ 대외적: 나라나 사회의 외부에 관련되는 것
⑦ 국난: 나라가 존립하기 어려울 정도로 위태로운 나라 전체의 어려움
⑧ 관측: 육안이나 기계로 자연 현상 특히 천체나 기상의 상태, 추이, 변화 따위를 관찰하여 측정하는 일
⑨ 길흉: 운이 좋고 나쁨.
⑩ 웅장하다: 규모 따위가 거대하고 성대하다.
⑪ 강성하다: 힘이 강하고 번성하다.

중심 낱말 찾기

05 다음에서 설명하는 문화유산을 이 글에서 찾아 쓰세요.

> 선덕 여왕 때 세운 목탑으로, 목탑의 9개 층은 신라 주변의 9개 나라를 의미하였다.

✎ 황룡사 9층 목탑

내용 이해

06 이 글의 내용과 일치하지 않는 것은 무엇인가요? [✎ ③]

① 첨성대를 통해 국가의 길흉을 점쳤다.
② 황룡사 9층 목탑은 국난을 극복하기 위해 만들었다.
③ 선덕 여왕이 나라를 통치한 시기에 신라는 평화로웠다.
④ 황룡사 9층 목탑의 9개 층은 신라 주변 9개 나라를 의미한다.
⑤ 첨성대를 통해 신라의 뛰어난 과학 기술을 확인할 수 있다.

도움말| ③ 선덕 여왕 시기 신라는 고구려와 백제의 침략, 신라 내의 반란 등으로 어려움을 겪었어요.

어휘 확인

07 다음 문장의 빈칸에 들어갈 낱말을 보기에서 찾아 쓰세요.

보기
관측   국난   웅장

① 우리 국민은 힘을 합하여 (국난)을 슬기롭게 극복하였다.
② 천문학자들은 천체를 (관측)하며 우주의 모습을 연구한다.
③ 흥선 대원군은 원래의 모습보다 더 (웅장)하게 경복궁을 다시 지었다.

내용 추론

08 선덕 여왕이 황룡사 9층 목탑, 첨성대와 같은 문화유산을 만든 이유를 바르게 짐작한 어린이는 누구인지 쓰세요.

단지 불교를 억압하고 유교를 진흥하려고 했던 것 같아.
은희 지방에서 성장하는 호족을 자신의 편으로 끌어들이려고 한 것 같아.
해준 여왕으로서의 한계를 극복하고 국왕의 권위를 보여 주려고 한 것 같아.

✎ 해준

046쪽 047쪽

11 계백

1 결사대를 이끌다

048쪽
049쪽

글을 읽으면서 중요하다고 생각하는 낱말에 색칠해 보세요.

가 백제의 마지막 왕이었던 의자왕은 젊은 시절에는 유능한 국왕이었어요. 하지만 의자왕은 점차 사치와 ^①향락에 빠져 나랏일을 멀리하였고, 바른말을 하는 ^②충신보다는 듣기 좋은 달콤한 말만 하는 ^③간신배들을 가까이하였어요. 백제의 국력은 점점 약해질 수밖에 없었지요.

나 그러던 중 신라와 당나라 연합군이 백제에 쳐들어왔어요. 연합군이 ^④파죽지세로 수도인 사비 부근까지 진격해 오자, 다급해진 의자왕은 계백을 전쟁의 책임자로 임명하고 연합군을 막으라고 명하였어요. 계백은 전쟁에 나설 병사들을 모집하였지만, 그 숫자가 오천 명밖에 되지 않았어요. 당시 당나라 군대를 빼도 신라군만 오만 명에 달하였기 때문에 계백은 백제의 ^⑤패망을 어느 정도 예감하였답니다.

다 계백은 전쟁에 나서기 전에 가족들을 불러 모았어요. ㉠그는 이 자리에서 적의 노비가 되어 살아가느니 차라리 죽는 것이 더 낫다고 말하고, 아내와 자식들을 직접 죽였어요. 그리고 목숨을 버릴 것을 맹세한 오천 명의 결사대를 이끌고 신라군과 대결하기 위해 황산벌로 향하였어요.

① 향락: 쾌락을 누림.
② 충신: 나라와 임금을 위하여 충성을 다하는 신하를 이름.
③ 간신배: 간사한 신하의 무리
④ 파죽지세: 대나무를 쪼개는 기세라는 뜻으로, 적을 거침없이 물리치고 쳐들어가는 기세를 이르는 말
⑤ 패망: 싸움에 져서 망함.

중심 낱말 찾기
01 각 문단의 중심 낱말을 찾아 쓰세요.

가 문단: 백제 [의][자][왕]의 몰락
나 문단: [신][라]와 당나라 연합군의 백제 공격
다 문단: 결사대를 이끌고 전쟁에 나서는 [계][백]

내용 이해
02 이 글의 내용과 일치하면 ○, 일치하지 않으면 ×에 표시하세요.

① 의자왕은 점차 간신배보다 충신을 가까이하였어요. [○ ⊗] ── 의자왕은 간신배를
② 계백은 신라군과 싸우기 위해 오천 명의 결사대를 모았어요. [Ⓞ ×] 가까이하였어요.
③ 고구려와 신라의 연합군이 백제를 공격하여 백제가 위기에 처하였어요. [○ ⊗]
→ 당나라와 신라의 연합군이 백제를 공격하여 백제가 위기에 처하였어요.

어휘 확인
03 다음 낱말의 뜻을 찾아 선으로 이으세요.

1 패망 ── ㉠ 쾌락을 누림.
2 향락 ── ㉡ 싸움에 져서 망함.
3 파죽지세 ── ㉢ 대나무를 쪼개는 기세라는 뜻으로, 적을 거침없이 물리치고 쳐들어가는 기세를 이르는 말

내용 추론
04 ㉠ 행동을 평가한 의견 중 다른 입장을 가진 어린이는 누구인지 쓰세요.

경수 : 계백이 혼자만의 생각으로 가족들을 죽인 것은 잔혹한 일이야.
유빈 : 계백이 자신도 나라를 위해 죽을 각오를 하였다는 것을 보여 준 행동이야.
찬영 : 계백은 가족이 포로로 잡혀 노비가 되는 것보다는 자신의 손에 죽는 것이 낫다고 생각한 거야.

✎ 경수

도움말 | 경수와 달리 유빈과 찬영은 계백의 행동을 근거가 있는 행동이라고 평가하였어요.

2 황산벌에서 신라군과 싸우다

050쪽
051쪽

황산벌 싸움에는 백제의 운명이 걸려 있었어요. 당시 당나라의 군대는 바다를 통해, 신라의 군대는 ^⑥육로를 따라 백제의 수도 사비로 오고 있었어요. 계백의 결사대는 사비의 ^⑦지척에 있는 황산벌에서 신라군의 진격을 막아야 하였지요. 계백은 황산벌에 먼저 도착해서 수비하기 좋은 곳을 골라 목책을 세우고, 신라군을 기다렸어요.

황산벌에 도착한 신라군의 공격으로, 계백이 이끄는 오천 명의 결사대와 김유신이 이끄는 오만 명의 신라군 사이에 전투가 시작되었어요. 백제군은 신라군보다 훨씬 적었지만, 계백의 결사대는 죽음을 각오하고 ^⑧악착같이 싸워 네 차례의 전투에서 모두 승리하였어요.

전투에서 잇달아 패하자, 신라군의 ^⑨사기는 크게 떨어졌어요. 이때 신라에서 관창과 같은 나이 어린 화랑들이 나섰어요. 몇 차례나 홀로 적진을 향해 뛰어든 관창이 끝내 백제에 목숨을 잃자, 이를 본 신라군의 사기가 다시 높아졌어요. 결국 계백의 결사대는 신라군의 총공격을 막지 못하였고, 계백도 전투 중에 목숨을 잃고 말았어요. 이 전투 이후 신라, 당나라 연합군에 사비가 함락되면서 백제는 역사의 ^⑩뒤안길로 사라지게 되었답니다.

나는 신라의 용맹한 화랑이오!
어린 소년이구나.

⑥ 육로: 육상으로 난 길
⑦ 지척: 아주 가까운 거리
⑧ 악착: 일을 해 나가는 태도가 매우 모질고 끈덕짐. 또는 그런 사람
⑨ 사기: 의욕이나 자신감 따위로 충만하여 굽힐 줄 모르는 기세
⑩ 뒤안길: 다른 것에 가려서 관심을 끌지 못하는 쓸쓸한 생활이나 처지

중심 낱말 찾기
05 이 글의 내용과 일치하도록 괄호 안의 낱말 중 알맞은 것에 ○표 하세요.

① 계백의 백제군과 김유신의 신라군은 [사비, (황산벌)]에서 전쟁을 벌였어요.
② 황산벌 전투에서 [(백제), 신라]는 몇 차례 승리하였으나, 결국 패배하였어요.

내용 이해
06 다음 글의 빈칸에 들어갈 인물을 이 글에서 찾아 쓰세요.

( )이 적진에 돌입하여 용감하게 싸웠으나, 계백이 그를 사로잡아 머리를 베어 말 안장에 매달아 돌려보냈다. 이를 본 신라군이 죽음을 각오하고 진격하니 백제군이 대패하였다.

✎ 관창

도움말 | 신라의 화랑 관창이 적진에 뛰어들었다가 백제에 목숨을 잃자, 이를 본 신라군이 백제를 총공격하여 승리하였어요.

어휘 확인
07 다음 문장의 빈칸에 들어갈 낱말을 보기에서 찾아 쓰세요.

보기
| 악착 | 지척 | 뒤안길 |

① 그는 돈이 되는 일이라면 무엇이든지 (악착)스럽게 달려들었다.
② 남북 분단으로 고향을 (지척)에 두고도 못 가는 사람들이 생겼다.
③ 디지털 카메라가 발전하면서 필름 카메라는 역사의 (뒤안길)(으)로 사라져 갔다.

중심 내용 찾기
08 이 글의 중심 내용으로 알맞은 것은 무엇인가요? [✎ ⑤]

① 김유신은 신라의 대군을 지휘하였다.
② 신라 화랑의 활약으로 전세가 역전되었다.
③ 신라와 당나라의 공격으로 백제가 멸망하였다.
④ 황산벌 전투에서 신라군은 백제군보다 훨씬 더 많았다.
⑤ 계백의 결사대는 신라군에 끈질기게 맞서 싸웠으나 끝내 패하였다.

도움말 | 이 글은 계백의 결사대가 신라군에 결사 항전하였으나, 끝내 패한 사실을 이야기하고 있어요.

12 김유신

1 신라의 장군이 된 김유신

글을 읽으면서 중요하다고 생각하는 낱말에 색칠해 보세요.

김유신은 신라에서 태어났지만 그 집안은 ^①금관가야의 왕족 출신이었어요. 신라 법흥왕이 금관가야를 ^②병합할 때 김유신의 가문도 신라로 들어온 것이에요. 김유신의 가문은 신라의 진골 귀족에 ^③편입되었지만, 기존의 진골 귀족과 비교해 차별을 받았답니다.

김유신은 화랑 시절에 친구들과 술을 마시고 즐기는 데 빠진 적이 있었어요. 특히 천관이라는 기생과 사랑에 빠져 그 기생의 술집을 자주 출입하였지요. 김유신의 어머니는 그를 꾸짖었고, 김유신은 다시는 천관에게 가지 않겠다고 맹세하였어요. 그런데 어느 날 김유신이 술에 취해 말 위에서 잠이 들자, 말은 그동안 익숙하게 드나들던 천관의 집으로 갔어요. 잠에서 깬 김유신은 어머니 말씀을 어긴 것에 분노하여 말의 목을 베어 버리고, 그곳을 떠났답니다.

이후 김유신은 무예를 갈고닦아 신라의 장군이 되었어요. 그는 여러 전투에서 뛰어난 ^④공을 세웠어요. 특히, 선덕 여왕 시기에 비담이 일으킨 반란을 진압하면서 자신의 정치적 ^⑤입지를 확실하게 굳혔답니다.

- ❶ 금관가야: 김해 지역에서 수로왕이 세운 나라로 한때 가야 연맹의 우두머리로 활약함.
- ❷ 병합: 둘 이상의 기구나 단체, 나라 따위가 하나로 합쳐짐. 또는 그렇게 만듦.
- ❸ 편입: 이미 짜인 한 동아리나 대열 따위에 끼어 들어감.
- ❹ 공: 노력과 수고를 들여 일을 마치거나 그 목적을 이룬 결과
- ❺ 입지: 개인이나 단체가 차지하고 있는 기반이나 지위

052쪽 053쪽

중심 낱말 찾기
01 다음에서 설명하는 인물을 이 글에서 찾아 쓰세요.

> 신라의 장군이 되어 여러 전투에서 뛰어난 공을 세웠으며, 선덕 여왕 말에 일어난 비담의 난을 진압하였다.

✏️ 김유신

내용 이해
02 이 글의 내용과 일치하면 ○, 일치하지 않으면 ✕에 표시하세요.
① 김유신의 집안은 원래 금관가야의 왕족이었다. [○ ✕]
② 김유신은 어머니의 말을 거역하고 천관과 계속 만났다. [○ ✕]
→ 김유신은 어머니의 꾸중을 듣고 천관을 만나지 않았어요.

어휘 확인
03 다음 문장의 빈칸에 들어갈 낱말을 〈보기〉에서 찾아 쓰세요.

보기		
공	입지	편입

① 이순신 장군은 임진왜란에서 큰 (공)을/를 세웠다.
② 유득공은 『발해고』를 써서 발해를 우리나라 역사에 (편입)시켰다.
③ 갑신정변이 실패하면서 이를 주도한 급진 개화파의 (입지)이/가 좁아졌다.

내용 추론
04 김유신이 신라에서 권력을 강화할 수 있었던 까닭을 바르게 짐작한 어린이는 누구인지 쓰세요.

민수 김유신의 가문이 가야 출신이었기 때문이야.
승현 김유신이 천관이라는 기생과 사랑에 빠졌기 때문이야.
초희 김유신이 무예에 뛰어나 여러 전투에서 공을 세웠기 때문이야.

✏️ 초희

2 신라의 삼국 통일에 앞장서다

김유신 옆에는 언제나 김춘추가 함께 있었어요. 김유신은 일찍이 김춘추를 왕이 될 인물로 보고 자신의 여동생을 시집보내 그와 ^⑥사돈 관계를 맺었어요. 그리고 진덕 여왕이 죽은 후, 자신이 거느린 막강한 군대를 바탕으로 김춘추가 왕위에 오르는 데 결정적인 ^⑦공헌을 하였답니다.

김춘추가 당나라와 동맹을 맺고 백제를 공격하자, 김유신은 대장군으로서 신라군을 이끌었어요. 그는 황산벌에서 계백의 결사대를 무너뜨리고 백제를 멸망시켰어요. 김유신은 김춘추가 죽고 문무왕이 즉위한 이후에도 삼국 통일에 힘을 보탰어요. 신라가 고구려 ^⑧원정에 나서자 식량 ^⑨수송 작전을 펼쳤으며, 백제 부흥을 꾀하는 세력을 격파하였지요. 고구려가 멸망한 이후 문무왕은 김유신의 공을 ^⑩치하하며, 그에게 신라 최고의 관직을 내려 주었어요.

김유신은 평생 동안 한 번의 전투도 지지 않은 무적의 장군으로, 백성들의 칭송을 받았어요. 김유신이 79세의 나이로 세상을 떠났을 때, 문무왕은 성대하게 장례를 지내도록 하였어요. 또한 신라의 42대 흥덕왕은 왕을 한 적이 없는 김유신을 흥무대왕으로 ^⑪추존하고, 김유신의 후손을 왕족으로 대우해 주었답니다.

김유신에 대한 훈나라 사람들의 칭송이 지금까지도 계속되고 있다. -삼국사기-

- ❻ 사돈: 혼인으로 맺어진 관계
- ❼ 공헌: 힘을 써 이바지함.
- ❽ 원정: 먼 곳으로 싸우러 나감.
- ❾ 수송: 기차나 자동차, 배, 항공기 따위로 사람이나 물건을 실어 옮김.
- ❿ 치하: 주로 윗사람이 아랫사람에게 하는 행위로, 남이 한 일에 대하여 고마움이나 칭찬의 뜻을 표시함.
- ⑪ 추존: 왕위에 오르지 못하고 죽은 이에게 임금의 칭호를 주던 일

054쪽 055쪽

중심 낱말 찾기
05 이 글의 내용과 일치하도록 괄호 안의 낱말 중 알맞은 것에 ○표 하세요.
① 김유신은 죽은 뒤에 [문무왕, 흥무대왕]으로 추존되었다.
② 김유신은 [계백, 김춘추]와/과 함께 신라의 삼국 통일에 주도적인 역할을 하였다.

내용 이해
06 김유신에 대한 설명으로 알맞지 않은 것은 무엇인가요? [✏️ ③]
① 흥무대왕으로 추존되었다.
② 계백의 결사대를 물리쳤다.
③ 진덕 여왕에 이어 왕위에 올랐다.
④ 평생 동안 전투에서 진 적이 없다.
⑤ 여동생을 김춘추에게 시집보냈다.
도움말 | ③ 김유신은 진덕 여왕에 이어 김춘추가 왕위에 오를 수 있도록 도왔어요.

어휘 확인
07 다음 낱말의 뜻을 찾아 선으로 이으세요.
① 공헌 — ㉠ 힘을 써 이바지함.
② 원정 — ㉡ 먼 곳으로 싸우러 나감.
③ 치하 — ㉢ 주로 윗사람이 아랫사람에게 하는 행위로, 남이 한 일에 대하여 고마움이나 칭찬의 뜻을 표시함.

내용 추론
08 이 글을 읽고 신라가 삼국 통일을 할 수 있었던 힘에 대해 말한 내용으로 가장 적절한 것은 무엇인가요? [✏️ ④]
① 일본에서 지원군이 파견되었기 때문이야.
② 김유신의 가문을 왕족으로 삼았기 때문이야.
③ 흥덕왕이 신라의 군사력을 강화하였기 때문이야.
④ 김유신과 같은 뛰어난 장수들이 활약하였기 때문이야.
⑤ 백제와 고구려가 서로를 공격하면서 국력이 약해졌기 때문이야.

13 김춘추

1 최초의 진골 출신 왕

056쪽
057쪽

글을 읽으면서 중요하다고 생각하는 낱말에 색칠해 보세요.

김춘추는 신라의 진골 귀족이었지만, 그의 할아버지가 왕위에서 쫓겨난 진지왕이었기 때문에 다른 귀족들에게 그다지 인정받지 못하였어요. 하지만 김유신은 김춘추의 재능을 알아보고, 그와 더욱 끈끈한 관계를 만들고 싶어 한 가지 ¹묘수를 냈어요.

김유신은 김춘추와 ²축국을 하다가 김춘추의 옷을 일부러 밟아 찢어지게 하였어요. 그리고 여동생 문희에게 그 옷을 꿰매 주라고 시켰지요. 이 일을 계기로 김춘추는 문희와 사랑에 빠져 혼인을 하고, 김춘추와 김유신은 사돈이 되어 서로를 의지하는 사이가 되었답니다.

진덕 여왕이 죽자, 신라에서 최상위 신분인 성골이 사라졌어요. 김춘추는 김유신의 군사력을 등에 업고 화백 회의에서 왕으로 ³추대되었어요. 비로소 김춘추는 진골 출신 중 최초로 왕위에 오른 태종 무열왕이 되었어요.

51세의 늦은 나이에 왕이 된 태종 무열왕에게는 시간이 많지 않았어요. 그래서 그는 젊은 시절 김유신과 함께 꿈꾸었던 삼국 통일의 ⁴대업을 ⁵달성하기 위해 통일 전쟁에 나섰답니다.

〰〰〰〰

① 묘수: 누구나 생각할 수 없는 절묘한 수
② 축국: 예전에, 장정들이 공을 땅에 떨어뜨리지 않고 차던 놀이
③ 추대: 윗사람으로 떠받듦.
④ 대업: 위대한 일이나 업적
⑤ 달성: 목적한 것을 이룸.

중심 낱말 찾기

01 다음 ㉠, ㉡에 들어갈 낱말을 이 글에서 찾아 각각 쓰세요.

> (㉠)의 군사력을 등에 업고 화백 회의에서 왕으로 추대된 김춘추는 (㉡) 출신 중 최초로 신라의 왕이 된 인물이었다.

✎ ㉠: 김유신   ㉡: 진골

내용 이해

02 이 글의 내용과 일치하는 것은 무엇인가요? [✎ ②]

① 진덕 여왕이 죽으면서 진골이 사라졌다.
② 김춘추는 김유신의 여동생과 혼인하였다.
③ 김춘추는 진덕 여왕을 제거하고 왕위에 올랐다.
④ 김유신은 김춘추가 왕이 되는 것을 원하지 않았다.
⑤ 김춘추의 할아버지는 신라의 전성기를 이끈 진흥왕이었다.

도움말 | 김유신의 묘수를 계기로 김춘추와 김유신의 여동생은 혼인하였어요.

어휘 확인

03 다음 낱말의 뜻을 찾아 선으로 이으세요.

① 대업 ────── ㉠ 윗사람으로 떠받듦.
② 묘수 ────── ㉡ 위대한 일이나 업적
③ 추대 ────── ㉢ 누구나 생각할 수 없는 절묘한 수

내용 추론

04 이 글을 읽고 신라의 신분 제도에 대해 바르게 이해한 어린이는 누구인지 쓰세요.

> 성일 | 성골 중에 남자만 왕이 될 수 있었구나.
> 지윤 | 성골이 사라지면서 진골도 왕이 될 수 있었구나.
> 한영 | 신분보다는 능력에 따라 누구나 왕이 될 수 있었구나.

✎ 지윤

도움말 | 김춘추가 왕이 된 사례를 통해 성골이 없어지면서 진골도 왕이 될 수 있었음을 알 수 있어요.

2 외교로 통일의 기반을 닦다

058쪽
059쪽

㉮ 선덕 여왕 시기 김춘추는 백제에 깊은 ⁶원한을 가지게 되었어요. 백제 의자왕의 공격으로 대야성이 함락되었는데, 이때 자신의 딸과 사위가 죽었기 때문이에요. 김춘추는 신라가 백제에 당한 원한을 갚기 위해 ⁷동분서주하며 외교 활동을 펼쳤어요.

㉯ 김춘추는 고구려로 갔어요. 그런데 고구려는 신라가 점령한 한강 상류 지역을 반환하면 신라를 도와주겠다고 하였어요. 김춘추는 이를 거절하였고, 감옥에 갇혀 있다가 ⁸구사일생으로 탈출하였답니다.

㉰ 이후 김춘추는 고구려 정복에 거듭 실패한 당나라로 갔어요. 김춘추는 당나라 태종에게 당나라와 신라의 동맹이 왜 필요한지 적극적으로 ⁹역설하였어요. 결국 두 나라는 대동강 이북 지역을 당나라가 가져가는 조건으로 동맹을 체결하였는데, 이를 나당 동맹이라고 해요.

> 신라와 당나라가 연합하여 고구려와 백제를 공격합시다.
> 그렇게 된다면 대동강 이북의 영토를 가져가겠습니다.

㉱ 김춘추가 왕위에 오르자 통일 전쟁이 본격적으로 시작되었어요. 당나라와 신라의 군대는 백제의 수도를 함락하고 의자왕의 항복까지 받아 냈어요. 김춘추는 ¹⁰염원하던 백제의 멸망을 보았지만, 삼국 통일의 마지막 모습까지는 보지 못한 채 눈을 감고 말았답니다.

〰〰〰〰

⑥ 원한: 억울하고 원통한 일을 당하여 응어리진 마음
⑦ 동분서주: 동쪽으로 뛰고 서쪽으로 뛴다는 뜻으로, 사방으로 이리저리 몹시 바쁘게 돌아다님을 이르는 말
⑧ 구사일생: 아홉 번 죽을 뻔하다 한 번 살아난다는 뜻으로, 죽을 고비를 여러 차례 넘기고 겨우 살아남을 이르는 말
⑨ 역설: 자기의 뜻을 힘주어 말함.
⑩ 염원: 마음에 간절히 생각하고 기원함.

중심 낱말 찾기

05 이 글의 내용과 일치하도록 괄호 안의 낱말 중 알맞은 것에 ◯표 하세요.

① 김춘추는 [백제 / 고구려]의 멸망까지 보고 눈을 감았다.
② 김춘추의 [군사 / 외교] 활동으로 신라는 당나라와 동맹을 맺게 되었다.

내용 이해

06 다음 내용과 관련이 있는 문단은 ㉮~㉱ 문단 중 어느 문단인지 쓰세요.

> 김춘추가 말하기를, "만약 폐하께서 당나라의 군사를 빌려주어 백제의 흉악한 무리를 없애지 않는다면 저희 백성은 모두 포로가 될 것이며, 산 넘고 바다 건너 당나라를 섬기러 오는 일도 다시는 할 수 없을 것입니다."라고 하였다. 태종이 이를 옳다고 여겨 당나라 군대의 출동을 허락하였다.

✎ ㉰문단

도움말 | 제시된 글은 김춘추가 당나라에 건너가 동맹을 맺는 모습을 보여 주어요.

어휘 확인

07 다음 문장의 빈칸에 들어갈 낱말을 보기에서 찾아 쓰세요.

> **보기**
> 역설   구사일생   동분서주

① 이순신은 조선 수군의 전력을 강화하기 위해 (동분서주)하였다.
② 무인도에 있었던 남자는 지나가던 배를 만나 (구사일생)(으)로 구출되었다.
③ 총리는 국가의 어려움을 극복하기 위해서는 국민 모두가 절약하는 생활을 해야 한다고 (역설)하였다.

중심 내용 찾기

08 다음 빈칸을 채워 이 글의 내용을 정리해 보세요.

> 신라의 김춘추는 외교 활동을 통해 **당나라** 와 동맹을 맺고, **통일** 전쟁을 벌여 백제를 멸망시켰다.

14 문무왕

1 삼국 통일을 완성하다

글을 읽으면서 중요하다고 생각하는 낱말에 색칠해 보세요.

문무왕은 태종 무열왕의 뒤를 이어 신라의 왕이 되었어요. 그리고 삼국 통일의 대업을 ❶완수하는 데 힘을 기울였답니다.

문무왕이 즉위한 시기에는 멸망한 백제의 부흥 세력이 계속해서 저항하였어요. 문무왕은 김유신을 대장군으로 임명하고 군사를 보내 백제의 부흥 운동을 ❷진압하였어요. 그리고 당나라의 군대가 고구려를 공격하자, 남쪽에서 군대를 이끌고 올라가 평양성을 함락하고 고구려의 항복을 받아 냈어요.

문무왕은 당나라와 연합하여 고구려를 ❸평정하고 통일을 완성하는 듯하였어요. 하지만 당나라는 신라와의 약속을 어기고, 고구려 땅은 물론 백제의 옛 땅에까지 관청을 설치하고 직접 통치하려 하였지요. 한반도 전체를 지배하려는 ❹야욕을 드러낸 것이에요.

이에 문무왕은 당나라를 한반도에서 몰아내기 위한 나당 전쟁을 시작하였어요. 이 전쟁에서 승리한 신라는 당나라를 ❺축출하고, 옛 백제의 영토와 고구려 땅 일부를 지배하게 되었지요. 마침내 문무왕은 진정한 의미의 삼국 통일을 이루게 된 것이에요.

❶ 완수: 뜻한 바를 완전히 이루거나 다 해냄.
❷ 진압: 강압적인 힘으로 억눌러 진정시킴.
❸ 평정: 적을 쳐서 자기에게 예속되게 함.
❹ 야욕: 자기 잇속만 채우려는 더러운 욕심
❺ 축출: 쫓아내거나 몰아냄.

060쪽
061쪽

중심 낱말 찾기
01 다음에서 설명하는 인물을 이 글에서 찾아 쓰세요.

> 태종 무열왕 다음에 신라의 왕이 되어 삼국 통일을 완수하였다.

✎ 문무왕

도움말 | 문무왕은 고구려를 평정하고 한반도에서 당나라를 몰아내어 삼국 통일을 완수하였어요.

내용 이해
02 다음 사건이 일어난 순서에 맞게 번호를 쓰세요.

(1) 문무왕이 신라의 왕이 되었다.
(4) 나당 전쟁에서 신라가 승리하였다.
(2) 신라가 백제의 부흥 운동을 진압하였다.
(3) 신라와 당나라가 고구려의 평양성을 함락하였다.

어휘 확인
03 다음 낱말의 뜻을 찾아 선으로 이으세요.

① 완수 • • ㉠ 쫓아내거나 몰아냄.
② 축출 • • ㉡ 적을 쳐서 자기에게 예속되게 함.
③ 평정 • • ㉢ 뜻한 바를 완전히 이루거나 다 해냄.

중심 내용 찾기
04 다음 빈칸을 채워 이 글의 내용을 정리해 보세요.

문무왕은 고구려를 평정한 후 한반도 전체를 차지하려는 [당][나][라]를 한반도에서 몰아내어 진정한 의미의 [삼][국][통][일]을 이루었다.

2 신라를 수호하는 용이 되다

삼국 통일의 ❻위업을 완수한 문무왕은 681년에 숨을 거두었어요. 그런데 문무왕은 죽어서도 신라의 바다를 ❼수호하는 용이 되고 싶다며 자신을 동쪽 바다에 묻어달라는 ❽유언을 남겼어요. 자신이 죽은 이후에도 신라가 평안하기를 바랐기 때문이에요.

문무왕의 아들인 신문왕은 아버지의 뜻에 따라 동해 바다에서 문무왕의 장례를 치렀어요. 경상북도 경주시 양북면 봉길리 앞바다에는 대왕암이라는 바위섬이 있는데, 이곳을 문무왕의 무덤일 것이라고 짐작하고 있어요.

한편, 문무왕은 동해로 자주 쳐들어오는 왜구들을 부처님의 힘으로 막고자 절을 짓기 시작하였어요. 이 절은 신문왕 때 완성되어 '감은사'라고 이름 지어졌어요. 감은사에는 문무왕과 관련된 설화가 전해져요. 어느 날 바다의 큰 용이 된 문무왕의 ❾분부를 받은 용 한 마리가 감은사 앞에 나타나 신문왕에게 대나무 피리를 전해 주었어요. 일명 만파식적이라고 불리는 이 피리를 불기만 하면 적이 물러가고 질병이 나으며 거센 파도도 잔잔해졌다고 해요. 이 설화를 보면 문무왕이 신라의 평안을 간절히 바랐다는 것을 짐작할 수 있어요.

> 내가 죽으면 나를 동쪽 바다에 묻어 주기 바란다.

❻ 위업: 위대한 사업이나 업적
❼ 수호: 지키고 보호함.
❽ 유언: 죽음에 이르러 말을 남김. 또는 그 말
❾ 설화: 각 민족 사이에 전승되어 오는 신화, 전설, 민담 따위를 통틀어 이르는 말
❿ 분부: 윗사람이 아랫사람에게 명령이나 지시를 내림. 또는 그 명령이나 지시

062쪽
063쪽

중심 낱말 찾기
05 다음에서 설명하는 문화유산을 이 글에서 찾아 쓰세요.

> 경상북도 경주시 양북면 봉길리 앞바다에 있는 바위섬으로, 문무왕의 무덤으로 짐작하고 있다.

✎ 대왕암

내용 이해
06 이 글의 내용과 일치하지 않는 것은 무엇인가요? [✎ ②]

① 문무왕은 삼국 통일을 완수하였다.
② 대왕암은 신문왕의 무덤으로 짐작하고 있다.
③ 감은사는 만파식적과 관련된 설화가 전해진다.
④ 문무왕은 자신을 동쪽 바다에 묻으라는 유언을 남겼다.
⑤ 감은사는 문무왕 때 짓기 시작해서 신문왕 때 완성되었다.

도움말 | ② 두 번째 문단에서 대왕암을 문무왕의 무덤으로 짐작한다는 사실을 알 수 있어요.

어휘 확인
07 다음 문장의 빈칸에 들어갈 낱말을 보기에서 찾아 쓰세요.

보기
| 분부 | 수호 | 위업 |

① 세종 대왕은 한글 창제의 (위업)을/를 남겼다.
② 그 사람은 평생을 세계 평화 (수호)에 몸담았다.
③ 우리는 사또의 (분부)을/를 받고 죄인들을 한성으로 데리고 갔다.

내용 추론
08 이 글을 통해 짐작할 수 있는 사실을 바르게 말한 어린이는 누구인지 쓰세요.

동우 신문왕은 아버지의 유언을 지키지 못하였구나.
명일 문무왕은 신라의 안위를 걱정하고 돌보았구나.
해진 신라에서는 바위로 만든 무덤이 유행하였구나.

✎ 명일

도움말 | 바다에 묻어 달라는 유언이나 감은사를 지은 까닭에서 문무왕이 신라의 안위를 걱정하였음을 알 수 있어요.

15 대조영

1 발해를 세우다

글을 읽으면서 중요하다고 생각하는 낱말에 색칠해 보세요.

고구려 멸망 이후 당나라는 고구려 ①유민들을 당나라로 강제 ②이주시켰어요. 당시 당나라에는 거란족, 말갈족 등이 함께 살았는데, 이들은 가혹한 통치로 많은 고통을 받았어요. 결국 걸걸중상과 걸사비우가 고구려 유민과 말갈족을 이끌고 당나라에 대항해 군사를 일으켰어요. 하지만 당나라와 싸우는 중에 걸걸중상과 걸사비우가 죽었고, 걸걸중상의 아들 대조영이 무리를 ③통솔하게 되었답니다.

대조영은 당나라와 거란족이 전투를 벌이는 틈을 타서 동쪽으로 진군하였어요. 그는 뛰어난 ④용병술로 자신들을 추격하는 당나라 군대를 계곡으로 유인해서 크게 격파하였어요. 그리고 무리와 함께 만주에 있는 동모산 부근에 도착하였지요.

대조영은 동모산에 성을 쌓고, 이곳을 도읍으로 삼아 발해를 건국하였어요. 대조영이 나라를 세웠다는 소문이 퍼지자, 옛 고구려 땅에 살던 고구려의 유민들이 발해로 몰려들었지요. 당나라도 발해를 정복할 ⑤여력이 되지 않자, 대조영을 발해의 왕으로 인정하였어요.

① 유민: 망하여 없어진 나라의 백성
② 이주: 개인이나 종족, 민족 따위의 집단이 본래 살던 지역을 떠나 다른 지역으로 이동하여 정착함.
③ 통솔: 무리를 거느려 다스림.
④ 용병술: 전쟁에서, 군사를 지휘하여 전투를 승리로 이끌기 위한 여러 가지 방법이나 기술
⑤ 여력: 어떤 일에 주력하고 아직 남아 있는 힘

중심 낱말 찾기
01 이 글의 내용과 일치하도록 괄호 안의 낱말 중 알맞은 것에 〇표 하세요.
1 [김춘추, (대조영)]은/는 발해를 건국하였다.
2 고구려 멸망 이후 당나라는 고구려 유민들을 [신라, (당나라)]로 강제 이주시켰다.

내용 이해
02 다음 사건이 일어난 순서에 맞게 번호를 쓰세요.

4	1	3	2
대조영이 동모산에 성을 쌓고 발해를 건국하였다.	당나라는 고구려 유민들을 당나라로 강제 이주시켰다.	대조영이 당나라의 군대를 계곡으로 유인해 격파하였다.	걸걸중상과 걸사비우가 당나라에 대항하여 군사를 일으켰다.

도움말 | 고구려 유민의 당나라 이주 → 걸걸중상과 걸사비우의 반란 → 대조영의 당나라 군대 격파 → 발해 건국 순서로 일어났어요.

어휘 확인
03 다음 낱말의 뜻을 찾아 선으로 이으세요.

1 여력 ● ● ㉠ 무리를 거느려 다스림.
2 유민 ● ● ㉡ 망하여 없어진 나라의 백성
3 통솔 ● ● ㉢ 어떤 일에 주력하고 아직 남아 있는 힘

중심 내용 찾기
04 다음 빈칸을 채워 이 글의 내용을 정리해 보세요.

대조영은 고구려 유민과 말갈족 등을 이끌고 당나라 군대를 물리친 뒤 동모산에 성을 쌓고 도읍으로 삼아 발해를 건국하였다.

2 고구려 계승 의식을 내세우다

대조영이 건국한 발해는 대체로 지배층은 고구려인, 일반 백성은 말갈족으로 구성되었어요. 말갈의 ⑥후예인 만주족이 현재 중국 민족의 ⑦일원이라는 이유로, 중국은 발해가 중국의 역사에 속해 있는 나라라고 주장하기도 하지요.

하지만 발해는 스스로가 고구려의 후예임을 명확하게 밝혔어요. 발해의 왕은 일본에 보낸 외교 문서에 발해를 '고려'로, 자신을 '고려 국왕'이라고 소개하였어요. 여기서 '고려'는 '고구려'를 가리키는 말로, 발해가 고구려를 계승한 국가라는 점을 일본에 알린 것이지요. 또한 발해의 유적지에서는 온돌이 많이 발견되는데, 온돌은 중국에 없는 우리 민족의 전통적인 난방법이에요. 발해인들이 온돌을 사용한 것은 그들의 ⑧문화권이 고구려에 속해 있다는 것을 의미하는 것이에요.

바다 동쪽에 있는 발해는 크게 번성한 나라로군.

대조영이 건국한 발해는 이후 여러 왕을 거치면서 서쪽으로 요동 지역까지 진출하였고, 동쪽으로 동해안에 접하여 한반도 북부를 ⑨호령하는 강국으로 성장하였어요. 이렇게 크게 발전하였던 발해를 중국에서는 '바다 동쪽의 ⑩번성한 나라'라는 의미에서 해동성국이라고 불렸답니다.

⑥ 후예: 핏줄을 이어받은 먼 자손
⑦ 일원: 단체에 소속된 한 구성원
⑧ 문화권: 공통된 특징을 보이는 어떤 문화가 지리적으로 분포하는 범위
⑨ 호령: 부하나 동물 따위를 지휘하여 명령함.
⑩ 번성: 세력을 확장하여 한창 성함.

중심 낱말 찾기
05 다음에서 설명하는 명칭을 이 글에서 찾아 쓰세요.

발해가 강국으로 성장하자 중국에서 발해를 부른 명칭으로 '바다 동쪽의 번성한 나라'라는 의미가 담겨 있다.

✏ 해동성국

도움말 | '해동'은 바다 동쪽, '성국'은 번성한 나라를 의미해요.

내용 이해
06 이 글의 내용과 일치하는 것은 무엇인가요? [✏ ④]
① 온돌은 중국의 전통적인 난방법이다.
② 발해의 지배층은 대체로 말갈족으로 구성되었다.
③ 발해의 일반 백성은 대체로 거란족으로 구성되었다.
④ 발해는 한반도 북부를 호령하는 강국으로 성장하였다.
⑤ 발해 왕은 일본에 보낸 외교 문서에 스스로를 '신라 국왕'이라고 하였다.
도움말 | 발해는 한반도 북부를 호령하는 강국으로 성장하여 중국으로부터 '해동성국'이라고 불리기도 하였어요.

어휘 확인
07 다음 문장의 빈칸에 들어갈 낱말을 보기 에서 찾아 쓰세요.

보기		
일원	호령	문화권

1 철수는 해외 봉사단의 (일원)으로 활동하였다.
2 한 시대를 (호령)하던 그는 관직을 잃고 귀양살이를 떠났다.
3 과거 한국, 중국, 일본은 모두 한자를 쓰는 (문화권)에 속하였다.

내용 추론
08 다음 사실을 통해 알 수 있는 내용을 쓰세요.

· 발해의 지배층은 대체로 고구려인이다.
· 발해 유적지에서 온돌이 많이 발견되었다.
· 발해의 왕은 일본에 보낸 외교 문서에 자신을 '고려 국왕'이라고 소개하였다.

✏ 발해는 고구려를 계승한 나라이다.

16 장보고

1) 당으로 건너간 장보고

글을 읽으면서 중요하다고 생각하는 낱말에 색칠해 보세요.

장보고는 지금의 완도 부근에 있는 어느 작은 섬에서 태어났어요. 그는 어린 시절부터 무예에 ^①출중한 재능을 보여 말타기, 활쏘기, 수영 등을 잘하였어요. 하지만 장보고는 신분이 ^②미천하였기 때문에 골품제가 엄격하게 지켜지던 신라에서 성공하기는 어려웠답니다.

장보고는 신분의 한계를 극복하기 위해 외국인에게도 기회를 주던 중국의 당나라로 갔어요. 당시 당나라는 사회가 혼란스러워 많은 군사가 필요하였지요. 무예가 뛰어난 장보고는 당나라 군대에서 활약하였고, 마침내 군대를 통솔하는 장교의 자리까지 올라갈 수 있었어요. 이렇게 장보고가 관직을 얻게 된 것은 당나라가 개방적인 나라여서 가능한 일이었지만, 그만큼 장보고가 절실하게 노력하여 거둔 ^③결실이기도 하였답니다.

당나라에서 ^④출세한 장보고는 신라 사람들이 해적에게 잡혀 와 당나라에서 노비로 팔리는 모습을 보게 되었어요. 이에 ^⑤분개한 장보고는 해적들을 소탕하기 위해 장군의 자리를 내려놓고 신라에 돌아가기로 마음먹었답니다.

노비를 사러 왔소.

① 출중하다: 여러 사람 가운데서 특별히 두드러짐.
② 미천하다: 신분이나 지위가 하찮고 천함.
③ 결실: 노력이나 수고로 이루어진 보람 있는 성과
④ 출세: 사회적으로 높은 지위에 오르거나 유명하게 됨.
⑤ 분개: 어떤 일에 대하여 매우 분하게 여김.

068쪽 069쪽

중심 낱말 찾기
01 이 글의 내용과 일치하도록 괄호 안의 낱말 중 알맞은 것에 ◯표 하세요.
① 장보고는 [능력, (신분)]의 한계를 극복하기 위해 당나라로 건너갔다.
② 장보고는 [신라, (당나라)] 군대에서 활약하여 장교의 자리까지 올랐다.

내용 이해
02 다음과 같은 상황이 끼친 영향으로 알맞은 것은 무엇인가요? [✏️ ⑤]

신라 사람들이 해적에게 잡혀 와 당나라에서 노비로 팔려 갔다.

① 장보고가 당나라로 건너갔다.
② 장보고가 당나라의 장교로 임명되었다.
③ 장보고가 당나라 군대에서 활약하였다.
④ 장보고가 무예에 출중한 재능을 보였다.
⑤ 장보고가 신라에 돌아가기로 마음먹었다.
도움말 | 장보고는 신라 사람들이 해적에게 잡혀 와 당나라에서 노비로 팔리는 모습을 보고 신라에 돌아가기로 마음먹었어요.

어휘 확인
03 다음 낱말의 뜻을 찾아 선으로 이으세요.

1 결실 ——— ㉠ 신분이나 지위가 하찮고 천함.
2 미천하다 ——— ㉡ 여러 사람 가운데서 특별히 두드러짐.
3 출중하다 ——— ㉢ 노력이나 수고로 이루어진 보람 있는 성과

내용 추론
04 이 글을 읽고 알 수 있는 장보고의 생각으로 알맞은 것은 무엇인가요? [✏️ ⑤]
① 당나라를 이용해 발해를 공격해야 한다.
② 외교 활동으로 삼국 통일을 이룰 수 있다.
③ 과학 기술 개발에 국가적 지원이 필요하다.
④ 상업은 천하기 때문에 장려해서는 안 된다.
⑤ 신분의 한계가 있다 하더라도 노력으로 극복할 수 있다.
도움말 | 장보고는 신분의 한계를 극복하기 위해 당나라로 건너가 출세한 사람이에요.

2) 해상 무역을 장악하다

신라에 돌아온 장보고는 흥덕왕을 찾아갔어요. 그리고 왕에게 해안가에 ^⑥출몰하는 해적선을 물리치기 위한 군대를 지원해 달라고 요청하였어요. 흥덕왕은 장보고에게 군사 1만여 명을 지원해 주고 장보고에게 대사 자격을 주었어요.

왕의 지원을 받은 장보고는 완도 지역에 청해진이라는 군사 기지를 만들고, 이를 ^⑦거점으로 삼아 수군을 ^⑧육성하였어요. 장보고가 이끈 강력한 수군은 마침내 해적을 ^⑨소탕하고 신라 주변의 바다를 완전히 장악하였지요.

장보고의 노력으로 해적들이 사라지고 동아시아 바다에 평화가 찾아오자, 당나라, 신라, 일본 사이에 해상 무역이 활발하게 이루어졌어요. 장보고의 함대는 당나라와 일본을 연결하는 ^⑩중계 무역을 주도하였어요. 신라의 특산품을 일본이나 당나라로 수출하거나, 당나라에 들어온 서역의 물품들을 신라나 일본에 판 것이에요. 이러한 무역 활동으로 장보고는 막대한 부도 ^⑪축적할 수 있었답니다.

장군님 덕분에 편하게 장사할 수 있어.

해적을 공격하라!

⑥ 출몰: 어떤 현상이나 대상이 나타났다 사라졌다 함.
⑦ 거점: 어떤 활동의 근거가 되는 중요한 지점
⑧ 육성: 길러 자라게 함.
⑨ 소탕: 휩쓸어 죄다 없애 버림.
⑩ 중계: 중간에서 이어 줌.
⑪ 축적: 지식, 경험, 자금 따위를 모아서 쌓음. 또는 모아서 쌓은 것

070쪽 071쪽

중심 낱말 찾기
05 다음과 같은 활동을 한 인물을 이 글에서 찾아 쓰세요.

• 흥덕왕의 지원을 받아 청해진을 만들고 수군을 육성하였다.
• 당나라와 일본을 연결하는 중계 무역을 주도하여 부를 축적하였다.

✏️ 장보고

내용 이해
06 다음은 장보고의 활동을 시간 순서대로 정리한 것이에요. ㉠에 들어갈 내용으로 알맞은 것은 무엇인가요? [✏️ ②]

신라로 귀국하였다. ➡ ㉠ ➡ 신라 주변 해적을 소탕하였다.

① 당나라로 건너갔다.
② 청해진을 설치하였다.
③ 금관가야를 정복하였다.
④ 중계 무역을 주도하였다.
⑤ 당나라의 장교로 임명되었다.
도움말 | 신라에 귀국한 장보고는 청해진을 설치하고 이를 거점으로 신라 해안가에 출몰하던 해적을 소탕하였어요.

어휘 확인
07 다음 문장의 빈칸에 들어갈 낱말을 [보기]에서 찾아 쓰세요.

[보기]
소탕   축적   출몰

① 경찰서에서는 범죄 (소탕) 작전을 준비하고 있다.
② 권력을 이용하여 재산을 (축적)하는 것은 바람직하지 않다.
③ 우리 마을에 멧돼지가 (출몰)하여 농작물의 피해가 심각하다.

중심 낱말 찾기
08 다음 빈칸을 채워 이 글의 내용을 정리해 보세요.

장보고는 청 해 진 을 거점으로 삼아 수군을 육성하여 해적을 소탕하고, 당나라와 일본을 연결하는 중 계 무 역 을 주도하여 부를 축적하였다.

17 최치원

1 문장으로 명성을 떨치다

글을 읽으면서 중요하다고 생각하는 낱말에 색칠해 보세요.

최치원은 신라의 ⁰6두품 집안에서 태어났어요. ㉠ 엄격한 골품제 사회였던 신라에서 6두품은 아무리 재능이 뛰어나도 일정 관직 이상으로 올라갈 수 없었어요. 일찍이 최치원의 재능을 알아본 아버지는 이를 안타깝게 여겨 외국인에게도 과거 시험을 볼 수 있게 해 주는 당나라로 그를 떠나보냈어요.

당나라에 간 최치원은 "졸음을 쫓기 위해 머리카락을 매달고 가시로 살을 찔렀으며, 남이 백을 할 때 나는 천의 노력을 했다."라는 기록을 남길 만큼 열심히 공부하였어요. 그 결과 ㉡ 최치원은 당나라의 과거 시험에서 ⁰장원 급제를 하게 되었지요.

어느 날 당나라에서 '황소의 난'이라고 불리는 큰 반란이 일어났어요. 하지만 당나라 군대는 이를 진압하지 못하고 있었어요. 그러자 글솜씨가 뛰어난 최치원은 반란을 주도한 황소를 ⁰토벌하기 위한 ⁰격문을 지었어요. 그런데 최치원이 쓴 문장이 적의 ⁰간담을 얼마나 떨리게 하였던지, 황소가 이 글을 읽다가 침상에서 굴러 떨어졌다는 일화가 전해질 정도예요. 이 사건으로 최치원은 전 중국에 명성을 떨치게 되었답니다.

온 세상 사람들이 너를 죽이려 하고, 땅속의 귀신들도 너를 죽이려고 의논했을 것이다!

⚡
❶ 6두품: 진골 밑에 있는 신분으로 6번째 벼슬인 아찬 이상 승진할 수 없었음.
❷ 장원: 과거 시험에서 1등으로 합격함.
❸ 토벌: 무력으로 쳐 없앰.
❹ 격문: 군병을 모집하거나, 적군을 달래거나 꾸짖기 위한 글.
❺ 간담: 간과 쓸개를 아울러 이르는 말로 속마음을 뜻함.

중심 낱말 찾기
01 다음 ㉠, ㉡에 들어갈 낱말을 이 글에서 찾아 각각 쓰세요.

신라에서 당나라로 건너간 (㉠)은 당나라에서 (㉡)의 난이 일어나자, 이 반란을 토벌하기 위한 격문을 지었다.

✏️ ㉠: 최치원   ㉡: 황소

내용 이해
02 이 글의 내용과 일치하면 ○, 일치하지 않으면 ✕에 표시하세요.
① 최치원은 6두품 집안에서 태어났다. [○ / ✕]
② 당나라에는 외국인이 보는 과거 시험이 있었다. [○ / ✕]
③ 최치원의 아버지는 최치원이 당나라로 떠나는 것에 반대하였다. [○ / ✕]
 → 최치원의 아버지는 최치원을 당나라로 떠나보냈어요.

어휘 확인
03 다음 문장의 빈칸에 들어갈 낱말을 보기에서 찾아 쓰세요.

보기
간담   격문   토벌

① 공포 영화를 보다가 (간담)이 내려앉는 줄 알았다.
② 고려 말 이성계는 왜구를 (토벌)하며 세력을 키웠다.
③ 전쟁이 일어나자 장군은 (격문)을 돌려 의병을 모집하였다.

내용 추론
04 ㉠, ㉡을 통해 짐작할 수 있는 사실로 알맞은 것은 무엇인가요? [✏️ ④]
① 당나라가 신라를 통치하였다.
② 당나라와 신라가 친선 관계를 맺었다.
③ 외국인들은 신라에서 차별받지 않았다.
④ 신라보다 당나라가 더 개방적인 사회였다.
⑤ 신라가 당나라보다 문화적으로 더 다양하였다.
도움말 | 신라는 신분에 따라 승진에 한계가 있었지만, 당나라는 외국인에게도 과거 시험을 볼 수 있게 해 준 것으로 보아 ㉡를 짐작할 수 있어요.

---

2 최치원의 재능을 낭비한 신라

㉮ 최치원은 당나라에서 관직 생활을 하며 여러 ⁰문인과 교류하였어요. 하지만 부모님에 대한 그리움과 ⁰조국을 위해 봉사하고 싶다는 마음이 있었기에 17간의 당나라 생활을 정리하고 신라로 돌아왔어요. 당시 신라를 다스리던 헌강왕은 최치원을 ⁰환대하며 그를 중요하게 쓰려고 하였어요.

㉯ 최치원이 신라에 돌아온 이후 헌강왕이 죽고, 정강왕과 진성 여왕이 차례로 왕위에 올랐어요. 그런데 진성 여왕이 신라를 다스릴 당시 신라 사회가 매우 혼란하였어요. 지방에서 호족들이 성장하여 왕실의 권위에 도전하였고, 백성들은 가혹한 세금에 반발하여 반란을 일으켰기 때문이에요. 이미 당나라에서 이러한 사회 혼란을 경험한 최치원은 진성 여왕에게 10여 개의 개혁안을 올려 정치를 바로잡으려고 노력하였어요. 하지만 그의 개혁안은 진골 귀족들의 반발로 실현되지는 못하였답니다.

…. 어려움에 빠진 백성들을 살리려면 유능한 관리자들에게 의지해야 합니다 ….

㉰ 최치원은 신라의 ⁰암담한 현실과 권력 투쟁에만 몰두해 개혁 의지가 없는 귀족들에게 깊은 좌절감을 느꼈어요. 게다가 신라에서는 6두품인 그가 할 수 있는 일이 별로 없었지요. 결국 최치원은 관직을 버리고 ⁰은거하며 살아가는 삶을 선택하였답니다.

⚡
❻ 문인: 문예에 종사하는 사람으로, 학자나 문장가 등을 뜻함.
❼ 조국: 조상 때부터 대대로 살던 나라 또는 자기의 국적이 속하여 있는 나라.
❽ 환대: 반갑게 맞아 정성껏 후하게 대접함.
❾ 암담하다: 어두컴컴하고 쓸쓸하다는 뜻으로, 희망이 없고 절망적임을 의미함.
❿ 은거: 세상을 피하여 숨어서 삶.

중심 낱말 찾기
05 이 글의 내용과 일치하도록 괄호 안의 낱말 중 알맞은 것에 ○표 하세요.
① [왕건, (최치원)]은 진성 여왕에게 10여 개의 개혁안을 올려 신라의 정치를 개혁하고자 하였다.
② 최치원이 신라로 돌아온 이후 지방에서는 [(호족), 진골 귀족]들이 성장하여 왕실의 권위에 도전하고 있었다.

내용 이해
06 다음 내용은 이 글의 ㉮~㉰ 문단 중 어느 문단과 관련이 깊은지 쓰세요.

최치원은 세상과 관계를 끊고 자유로운 몸이 되어 숲속과 강이나 바닷가에 정자를 짓고 소나무와 대나무를 심으며 책을 벗하고 자연을 노래하였다.

✏️ ㉰문단

도움말 | 제시된 글은 최치원이 정치를 떠나 은거하는 삶을 보여 주어요.

어휘 확인
07 다음 낱말의 뜻을 찾아 선으로 이으세요.
① 은거 — ㉮ 세상을 피하여 숨어서 삶.
② 조국 — ㉯ 반갑게 맞아 정성껏 후하게 대접함.
③ 환대 — ㉰ 조상 때부터 대대로 살던 나라 또는 자기의 국적이 속하여 있는 나라

중심 내용 찾기
08 다음 빈칸을 채워 이 글의 내용을 정리해 보세요.

당나라에서 신라로 돌아온 최치원은 진성 여왕에게 10여 개의 개혁안을 올렸지만 실현되지 않자, 신라의 현실에 좌절감을 느끼고 관직을 버린 채 은거하며 살아갔다.

18 원효

1 유학길에 얻은 깨달음

글을 읽으면서 중요하다고 생각하는 낱말에 색칠해 보세요.

원효는 신라의 승려였어요. 그가 자랄 당시 신라는 ^①통일 전쟁 중이어서 많은 백성이 전쟁터에 동원되어 죽고 말았지요. 백성들의 죽음과 고통을 ^②목격한 원효는 15살에 ^③출가하여 승려가 되었답니다.

승려가 된 원효는 불교를 깊이 있게 배우고 싶었어요. 그래서 그는 의상이라는 승려와 함께 불교가 번성한 중국 당나라로 ^④유학을 가기로 하였어요. 당나라로 가던 길에 원효와 의상은 폭풍우를 만나 근처의 작은 동굴에서 하룻밤을 지내게 되었어요. 밤중에 목이 말라 잠에서 깬 원효는 어둠 속에서 바가지에 담긴 물을 찾아 시원하게 마시고 다시 잠들었어요.

다음 날 아침 원효는 밤에 마신 물이 해골 속에 담긴 물인 것을 보고 구역질이 났어요. 그러다 원효는 물이 ^⑤본질은 같은데, 마음먹기에 따라 맛있는 물이 되기도 하고 역겨운 물이 되기도 한다는 사실에 깨달음을 얻었어요. 그는 마음속에 깨달음이 있으니, ㉠굳이 당나라에 가서 부처님의 가르침을 찾을 필요가 없다고 생각하고 신라에 남기로 하였답니다.

우아, 시원하다!

① 통일: 나누어진 것들을 합쳐서 하나의 조직·체계 아래로 모이게 함.
② 목격: 눈으로 직접 봄.
③ 출가: 세속의 인연을 버리고 수행 생활에 들어감.
④ 유학: 외국에 머물면서 공부함.
⑤ 본질: 본디부터 가지고 있는 사물 자체의 성질이나 모습

076쪽
077쪽

중심 낱말 찾기
01 다음 ㉠, ㉡에 들어갈 낱말을 이 글에서 찾아 각각 쓰세요.

원효는 (㉠   )로 유학을 가던 도중에 해골에 담긴 물을 먹고 나서 깨달음이 (㉡   ) 속에 있다는 것을 알게 되었다.

✎ ㉠ 당나라   ㉡   마음

내용 이해
02 원효가 출가하여 승려가 된 까닭으로 알맞은 것은 무엇인가요? [✎ ⑤]

① 의상이 설득하였기 때문에
② 왕위에 오르지 못하였기 때문에
③ 당나라에서 불교를 배웠기 때문에
④ 해골에 담긴 물을 먹고 나서 깨달음을 얻었기 때문에
⑤ 전쟁 중에 백성들의 죽음과 고통을 목격하였기 때문에

도움말 | 원효는 통일 전쟁에서 백성들의 죽음과 고통을 목격하고 승려가 되었어요.

어휘 확인
03 다음 낱말의 뜻을 찾아 선으로 이으세요.

① 목격 •   • ㉠ 눈으로 직접 봄.

② 본질 •   • ㉡ 세속의 인연을 버리고 수행 생활에 들어감.

③ 출가 •   • ㉢ 본디부터 가지고 있는 사물 자체의 성질이나 모습

내용 추론
04 원효가 ㉠과 같이 행동한 까닭을 바르게 말한 어린이는 누구인지 쓰세요.

경미 유명한 승려의 가르침이 중요하다고 생각하였기 때문이야.

성윤 모든 것은 마음먹기에 달려 있다는 것을 깨달았기 때문이야.

한수 자기 나라에서 공부하는 것이 더 효과적이라고 생각하였기 때문이야.

✎   성윤

도움말 | 원효는 모든 것은 마음먹기에 달려 있다는 것을 깨달았기 때문에 불교를 공부하는 장소는 중요하지 않다고 생각한 것이에요.

2 불교를 널리 알리다

유학길에서 돌아온 원효는 신라에서 부처님의 말씀을 전파하였어요. 그러던 중 태종 무열왕의 둘째 딸인 요석 공주와 사랑에 빠져 아들 설총을 낳게 되었어요. 당시 승려는 결혼할 수 없었기 때문에 원효는 스스로 ^①계율을 어겼다고 하여 승려의 옷을 벗어 버렸답니다.

승려에서 일반인의 신분이 된 원효는 이전의 ^②격식과 규율에서 벗어나 전국 방방곡곡을 돌아다니며 백성들에게 불교를 전하였어요. 원효는 많은 사람들에게 자신의 깨달음을 전하고자 하였으며, 글을 모르는 백성들을 위해 부처님의 가르침을 「무애가」라는 노래로 만들어 알려 주기도 하였지요. 그는 누구나 '나무아미타불'만 외우면 부처님께 그 진심을 전하여 ^③극락세계에 갈 수 있다고 ^④설파하였어요.

누구나 나무아미타불만 외우면 극락세계에 갈 수 있답니다

어려운 불교 ^⑤교리를 공부하지 않아도 부처님을 향한 진심만 있다면 극락세계에 갈 수 있다는 원효의 가르침 덕에 그동안 귀족들이 주로 누렸던 불교를 대중도 누리게 되었어요. 원효의 가르침은 전쟁과 가난, 그리고 질병에 시달리던 당시 신라의 백성들에게 큰 희망을 주었답니다.

① 계율: 불교를 믿는 사람이 지켜야 할 규범
② 격식: 격에 맞는 일정한 방식
③ 극락세계: 아미타불이 살고 있는 세계로, 괴로움이 없으며 지극히 안락하고 자유로운 세상
④ 설파: 어떤 내용을 듣는 사람이 납득하도록 분명하게 드러내어 말함.
⑤ 교리: 종교적인 원리나 이치. 각 종교의 종파가 진리라고 규정한 신앙의 체계를 이름.

중심 낱말 찾기
05 이 글의 내용과 일치하도록 괄호 안의 낱말 중 알맞은 것에 ○표 하세요.

① 원효는 백성들을 위해 부처님의 가르침을 「무애가」라는 [책, 노래](으)로 만들어 알려 주었다.

② [원효, 의상]은/는 나무아미타불만 외우면 부처님께 그 진심을 전하여 극락세계에 갈 수 있다고 하였다.

078쪽
079쪽

내용 이해
06 원효에 대한 설명으로 알맞지 않은 것은 무엇인가요? [✎ ④]

① 스스로 승려의 옷을 벗어 버렸다.
② 요석 공주와 사이에서 설총을 낳았다.
③ 전국 방방곡곡을 돌아다니며 불교를 전하였다.
④ 부처님을 향한 진심보다 불교 교리를 중시하였다.
⑤ 누구나 나무아미타불만 외우면 극락세계에 갈 수 있다고 하였다.

도움말 | 원효는 불교 교리를 공부하지 않아도 부처님을 향한 진심만 있다면 극락세계에 갈 수 있다고 하였어요.

어휘 확인
07 다음 문장의 빈칸에 들어갈 낱말을 보기에서 찾아 쓰세요.

보기
격식   교리   설파

① 학교의 졸업식은 (격식)에 맞추어 진행되었다.

② 동학의 (교리)인 인내천은 사람이 곧 하늘이라는 의미이다.

③ 독립 협회는 백성들에게 독립 의식의 중요성을 (설파)하였다.

중심 내용 찾기
08 다음 빈칸을 채워 이 글의 내용을 정리해 보세요.

원효는 누구나 나 무 아 미 타 불 만 외우면 극락세계에 갈 수 있다고 설파하여 주로 귀족들이 누리던 불교를 대 중 도 누리도록 하였다.

19 견훤

1 두 가지 기이한 이야기

080쪽
081쪽

글을 읽으면서 중요하다고 생각하는 낱말에 색칠해 보세요.

견훤은 후백제를 건국한 인물이에요. 견훤과 관련해서 두 가지 [1]기이한 이야기가 전해져요. 첫 번째 이야기는 『삼국유사』에 기록되어 있어요. 광주에 살던 부자에게 딸이 한 명 있었는데, 밤마다 [2]정체불명의 남자가 그녀의 방에 다녀갔어요. 그녀는 남자의 정체를 밝히기 위해 남자의 옷에 실을 꿴 바늘을 꽂아 두었어요. 그 실을 따라가 보니 바늘에 꽂혀 죽은 지렁이가 있었는데, 지렁이와 그녀 사이에 태어난 아이가 견훤이었다고 해요.

두 번째 이야기는 『삼국사기』에 전해져요. 견훤의 어머니가 갓난아이였던 견훤을 잠시 수풀 밑에 두고 갔어요. 잠시 후 호랑이가 다가왔는데, 호랑이는 견훤을 잡아먹지 않고 오히려 젖을 먹이고 돌아갔어요. 이후 견훤은 체격과 용모가 웅대해지고 기개가 [3]호방한 아이로 성장하였다는 이야기예요.

두 가지 이야기 모두 견훤이 비범한 인물이었음을 보여 주어요. [4]변방을 지키는 신라군 장교로 시작하여 후삼국을 호령하던 후백제의 왕이 된 견훤은 분명 [5]난세의 영웅이었답니다.

⚊⚊⚊⚊⚊⚊⚊

① 기이하다: 기묘하고 이상함.
② 정체불명: 정체가 분명하지 아니한 것
③ 호방하다: 의기가 장하여 작은 일에 거리낌이 없음.
④ 변방: 중심지에서 멀리 떨어진 가장자리 지역
⑤ 난세: 전쟁이나 무질서한 정치 따위로 어지러워 살기 힘든 세상

중심 낱말 찾기
01 이 글의 내용과 일치하도록 괄호 안의 낱말 중 알맞은 것에 ○표 하세요.

① 견훤은 [고려, ⊙후백제]를 건국하였다.

② 『삼국사기』에는 견훤의 어머니가 갓난아이였던 견훤을 수풀에 두자 [곰, ⊙호랑이]이/가 와서 젖을 먹이고 돌아갔다는 이야기가 쓰여 있다.

내용 이해
02 이 글의 내용과 일치하는 것은 무엇인가요? [✎ ③]

① 후백제는 삼국을 통일하였다.
② 견훤은 후고구려를 건국하였다.
③ 견훤은 변방을 지키는 신라군 장교였다.
④ 후백제 건국에 왕건이 큰 도움을 주었다.
⑤ 『삼국사기』에 지렁이와 여자 사이에서 견훤이 태어났다는 이야기가 쓰여 있다.

도움말 | 견훤은 신라에서 변방을 지키는 장교였다가 후백제의 왕이 되었어요.

어휘 확인
03 다음 낱말의 뜻을 찾아 선으로 이으세요.

1 난세		㉠ 정체가 분명하지 아니한 것
2 변방		㉡ 중심지에서 멀리 떨어진 가장자리 지역
3 정체불명		㉢ 전쟁이나 무질서한 정치 따위로 어지러워 살기 힘든 세상

중심 내용 찾기
04 다음 빈칸을 채워 이 글의 내용을 정리해 보세요.

후 백 제 를 건국한 견훤과 관련된 두 가지 기이한 이야기를 통해서 견훤이 비 범 한 인물이었다는 것을 짐작할 수 있다.

---

2 자신의 손으로 후백제를 무너뜨리다

082쪽
083쪽

견훤은 전라도 일대를 장악하고 900년 완산주를 도읍으로 삼아 후백제를 건국하였어요. 후백제가 있는 전라도 지역은 우리나라 최대의 [6]곡창 지대로, 견훤은 풍부한 경제력에 힘입어 후백제를 강력한 국가로 성장시켰어요.

견훤은 신라의 핵심 지역인 대야성을 함락하고, 신라의 수도 경주를 공격하여 신라의 경애왕을 [7]살해하였어요. 당시 고려의 왕건이 신라를 지원하였지만, 견훤은 왕건이 이끄는 고려군을 크게 격파하였지요. 견훤이 이끄는 후백제 앞에 더는 [8]맞수가 없는 것 같았답니다.

하지만 내부적인 문제가 일어나 견훤의 발목을 잡았어요. 견훤이 넷째 아들인 금강에게 왕위를 물려주려 하자, 첫째 아들인 신검이 [9]쿠데타를 일으킨 것이에요. 신검은 견훤을 왕위에서 쫓아내고 금산사에 [10]유폐하였어요. 신하들의 도움으로 탈출한 견훤은 가장 강력한 경쟁자였던 고려의 왕건에게 항복하였지요. 이후 견훤은 고려군에 합류해 후백제를 정벌하는 데 앞장섰고, 결국 후백제는 고려에 멸망당하고 말았답니다.

⚊⚊⚊⚊⚊⚊⚊

⑥ 곡창: 곡식이 많이 생산되는 지방을 비유적으로 이르는 말
⑦ 살해: 사람을 해치어 죽임.
⑧ 맞수: 힘, 재주, 기량 따위가 서로 비슷하여 우열을 가리기 어려운 상대
⑨ 쿠데타: 무력으로 정권을 빼앗는 일
⑩ 유폐: 아주 깊숙이 가두어 둠.

중심 낱말 찾기
05 다음 ㉠, ㉡에 들어갈 낱말을 이 글에서 찾아 각각 쓰세요.

견훤이 세운 (㉠)는 강력한 국가로 성장하였다. 하지만 쿠데타가 일어나자 (㉡)은 고려의 왕건에게 항복하여 후백제를 정벌하는 데 앞장섰다.

✎ ㉠: 후백제 ㉡: 견훤

내용 이해
06 신검이 쿠데타를 일으킨 까닭으로 알맞은 것은 무엇인가요? [✎ ④]

① 견훤이 신라의 경애왕을 살해하였기 때문에
② 견훤이 금산사에 석 달 동안 유폐되었기 때문에
③ 고려의 왕건이 신라를 도와주려 하였기 때문에
④ 견훤이 왕위를 금강에게 물려주려 하였기 때문에
⑤ 견훤이 고려군에 합류해 후백제를 공격하였기 때문에

도움말 | 견훤이 왕위를 넷째 아들인 금강에게 물려주려 하자, 첫째 아들인 신검이 쿠데타를 일으켰어요.

어휘 확인
07 다음 문장의 빈칸에 들어갈 낱말을 보기에서 찾아 쓰세요.

보기
맞수 유폐 쿠데타

① 그들이 일으킨 (쿠데타)로 정권이 바뀌었다.
② 축구계의 (맞수)인 두 팀은 결승에서 붙게 되었다.
③ 신하들은 쫓겨난 왕을 외딴섬에 (유폐)하기로 결정하였다.

내용 추론
08 이 글을 통해 추론할 수 있는 내용을 바르게 말한 어린이는 누구인지 쓰세요.

고은 후백제의 멸망은 내분에서 시작되었구나.
서영 후백제는 고려와 줄곧 우호적인 관계를 맺었구나.
준수 후백제에서는 넷째 아들에게 왕위를 물려주는 것이 원칙이었구나.

✎ 고은

도움말 | 서영: 후백제는 고려와 대립하기도 하였어요. 준수: 신검이 반발한 것을 보면 준수의 짐작이 잘못되었음을 알 수 있어요.

 20 궁예

1 후고구려를 건국하다

글을 읽으면서 중요하다고 생각하는 낱말에 색칠해 보세요.

궁예는 신라의 왕자로 태어났어요. 궁예가 태어나던 날 하늘에 무지개가 떴는데, 이 소식을 들은 신라의 왕은 궁예가 훗날 왕위에 위협이 될까 두려워하여 궁예를 죽이라고 지시하였어요. 궁예는 병사들이 도착하기 전 유모의 도움으로 겨우 탈출하였지만, 그 과정에서 한쪽 눈을 잃었답니다.

유모와 함께 살던 궁예는 10여 세에 출가하여 승려가 되었어요. 하지만 종교 생활보다는 세상의 일에 더 관심이 많았던 궁예는 곧 절에서 나왔지요. 그리고 강원도 일대에서 세력을 떨치던 호족 양길의 부하가 되었어요.

양길의 밑에서 궁예는 곧 ^①두각을 드러냈어요. 여러 전투에서 승리하며 뛰어난 ^②공적을 쌓은 궁예는 병사들의 ^③신망을 얻어 장군으로 떠받들어졌어요. 그리고 양길에게서 ^④자립하여 자신만의 세력을 가지게 되었지요. 궁예의 세력이 점차 커지자 경기도와 강원도의 여러 호족이 궁예에게 ^⑤귀순하였어요. 궁예는 이들의 지지를 받아 송악을 수도로 삼고 후고구려를 건국하였답니다.

① 두각: 뛰어난 지식이나 재능을 비유적으로 이르는 말
② 공적: 노력과 수고를 들여 이루어 낸 일의 결과
③ 신망: 믿고 기대함. 또는 그런 믿음과 덕망
④ 자립: 남에게 예속되거나 의지하지 아니하고 스스로 섬.
⑤ 귀순: 적이었던 사람이 반항심을 버리고 스스로 돌아서서 복종하거나 순종함.

중심 낱말 찾기
01 이 글의 내용과 일치하도록 괄호 안의 낱말 중 알맞은 것에 ○표 하세요.

① 궁예는 [백제 · 신라]의 왕자로 태어났다.
② 궁예는 [호족 · 진골 귀족]들의 지지를 받아 후고구려를 세웠다.

084쪽
085쪽

내용 이해
02 다음과 같은 상황이 일어난 까닭으로 알맞은 것은 무엇인가요? [⑤]

양길의 밑에 있던 궁예는 병사들의 신망을 얻어 장군으로 떠받들어졌다.

① 궁예가 한때 승려였기 때문에
② 궁예가 신라의 왕족 출신이었기 때문에
③ 경기도와 강원도의 여러 호족이 궁예에게 귀순하였기 때문에
④ 궁예가 신라를 탈출하는 과정에서 한쪽 눈을 잃었기 때문에
⑤ 궁예가 여러 전투에서 승리하며 뛰어난 공적을 쌓았기 때문에

도움말ㅣ 궁예는 여러 전투에서 승리하며 공적을 쌓아 병사들에게 장군으로 떠받들어졌어요.

어휘 확인
03 다음 낱말의 뜻을 찾아 선으로 이으세요.

1 공적 •　　　• ㉠ 노력과 수고를 들여 이루어 낸 일의 결과

2 두각 •　　　• ㉡ 뛰어난 지식이나 재능을 비유적으로 이르는 말

3 자립 •　　　• ㉢ 남에게 예속되거나 의지하지 아니하고 스스로 섬.

중심 내용 찾기
04 다음 빈칸을 채워 이 글의 내용을 정리해 보세요.

양길의 부하였던 궁예 는 경기도와 강원도에서 귀순한 호족들의 지지를 받아 송악을 수도로 삼고 후 고 구 려 를 건국하였다.

2 미륵불을 자처한 궁예

후고구려를 세운 궁예는 호족들의 도움을 받아 정치 제도를 정비하고 군사력을 강화하였어요. 그리고 자신을 버린 신라를 압박하고, 왕건을 보내 후백제의 ^①배후 지역에 있는 나주를 공격해 점령하였어요. 그리하여 후고구려는 ^②후삼국 중 가장 강력한 국가로 성장할 수 있었답니다.

하지만 궁예는 불교를 이용해 가혹한 통치를 하여 ^③민심을 잃게 되었어요. 그는 ^④미륵불을 ^⑤자처하면서 자신이 사람들의 마음을 꿰뚫어 볼 수 있는 능력을 지녔다고 주장하였어요. 그리고 이를 이용하여 마음에 들지 않는 사람들이나 바른 소리를 하는 신하들을 벌하거나 죽인 것이지요. 심지어는 자신의 부인과 아들까지 죽이고 말았어요. 이러한 일들이 벌어지자 신하들과 백성들은 궁예에게서 마음이 멀어졌어요.

결국 후고구려 사람들은 왕건을 새로운 왕으로 추대하고, 궁예를 왕의 자리에서 쫓아냈어요. 급하게 도망치던 궁예는 분노한 백성들에게 잡혀 최후를 맞이하고 말았답니다.

① 배후: 어떤 대상이나 대오의 뒤쪽
② 후삼국: 통일 신라 말기의 신라, 후백제, 후고구려(태봉)를 통틀어 이르는 말
③ 민심: 백성의 마음
④ 미륵불: 미래에 인간 세상에 와 사람들을 구원해 주는 부처
⑤ 자처: 자기를 어떤 사람으로 여겨 그렇게 처신함.

중심 낱말 찾기
05 다음 ㉠, ㉡에 들어갈 인물을 이 글에서 찾아 각각 쓰세요.

후고구려 사람들은 미륵불을 자처하며 가혹하게 통치하던 (㉠)를 왕의 자리에서 쫓아내고 (㉡)을 새로운 왕으로 추대하였다.

㉠ 궁예　　㉡ 왕건

086쪽
087쪽

내용 이해
06 이 글에서 다룬 내용으로 알맞지 않은 것은 무엇인가요? [③]

① 궁예의 몰락　　② 왕건의 즉위
③ 후백제의 건국　　④ 후고구려의 발전
⑤ 왕건의 나주 점령

도움말ㅣ ③ 후백제를 건국하는 내용은 이 글에서 다루고 있지 않아요.

어휘 확인
07 다음 문장의 빈칸에 들어갈 낱말을 <보기>에서 찾아 쓰세요.

보기
　　　　민심　　　배후　　　자처

① 왕은 (민심)을/를 얻기 위한 정책을 펼쳤다.
② 그 연예인은 환경 보호를 위한 홍보 대사를 (자처)하였다.
③ 경찰은 사건의 (배후)을/를 밝히기 위해 이곳저곳을 뛰어다녔다.

내용 추론
08 궁예가 몰락한 까닭으로 알맞은 것을 <보기>에서 두 가지 골라 기호를 쓰세요.

보기
㉠ 불교를 중시하였기 때문에
㉡ 후백제를 공격하였기 때문에
㉢ 가혹한 통치를 하였기 때문에
㉣ 신하들의 지지를 잃었기 때문에

　　　　㉢　　㉣

도움말ㅣ 궁예가 가혹하게 통치하자, 신하들과 백성들은 궁예를 왕의 자리에서 쫓아냈어요.

01 단군왕검에 대한 설명으로 알맞지 <u>않은</u> 것은 무엇인가요? [✏️ ③]

① 고조선을 건국하였다.
② 고조선의 최고 지배자를 가리킨다.
③ 소서노를 두 번째 부인으로 맞이하였다.
④ 정치와 제사를 모두 담당한 지배자였다.
⑤ 여인이 된 곰과 환웅의 결혼으로 태어났다.

도움말 | ③은 동명 성왕(주몽)에 대한 설명이에요.

02 다음 빈칸에 들어갈 인물을 쓰세요.

(   )은 알에서 태어났으며, 고구려를 세워 동명 성왕이 되었다. 어렸을 때 활을 쏘면 백발백중이어서 '활을 잘 쏘는 사람'이라는 뜻에서 (   )이라고 불렸다.

✏️   주몽

도움말 | 동명 성왕은 '활을 잘 쏘는 사람'이라는 뜻에서 주몽이라고 불렸어요.

03 온조가 나라를 세워 도읍으로 정한 곳은 어디인가요? [✏️ ④]

① 미추홀   ② 사비성
③ 아사달   ④ 위례성

도움말 | 온조는 농사가 잘되고 방어하기 좋은 땅인 위례성을 도읍으로 정하였어요.

04 다음 업적을 가진 인물은 누구인가요? [✏️ ③]

• 고구려의 평양성을 공격하여 고국원왕을 전사시켰다.
• 요서 지방과 산둥 지방에 진출하였고, 왜와의 교류를 확대하였다.

① 성왕   ② 장수왕
③ 근초고왕   ④ 동명 성왕

도움말 | 백제 근초고왕은 고구려 고국원왕을 전사시켰고, 해외 진출을 활발히 하였어요.

05 다음 보기에서 고구려 광개토 대왕의 업적을 골라 알맞게 짝지은 것은 무엇인가요? [✏️ ④]

보기

㉠ 중원 고구려비를 세웠다.
㉡ 80년 가까이 고구려를 통치하였다.
㉢ 만주 지역을 고구려의 영토로 만들었다.
㉣ 신라를 도와 왜와 가야의 군대를 격파하였다.

① ㉠, ㉡   ② ㉡, ㉢
③ ㉡, ㉣   ④ ㉢, ㉣

도움말 | ㉠, ㉡은 고구려 장수왕의 업적이에요.

06 고구려 장수왕이 추진한 남진 정책의 결과로 알맞은 것은 무엇인가요? [✏️ ④]

① 광개토 대왕릉비가 세워졌다.
② 백제가 사비로 수도를 옮겼다.
③ 비류와 온조가 고구려를 떠났다.
④ 고구려가 한강 유역을 차지하였다.
⑤ 고구려가 숙신, 부여, 거란을 정복하였다.

도움말 | 고구려 장수왕은 남진 정책을 추진하여 백제의 수도인 한성을 함락하고, 한강 유역을 차지하였어요.

07 다음에서 설명하는 전투로 알맞은 것은 무엇인가요? [✏️ ②]

신라의 진흥왕이 백제군을 기습 공격하여 한강의 모든 지역을 차지한 것에 맞서 백제 성왕이 신라를 공격하면서 일어났다. 전투 초기에는 백제의 연합군이 우세하였으나, 성왕이 신라군에게 목숨을 잃으면서 백제의 패배로 끝이 났다.

① 살수 대첩   ② 관산성 전투
③ 안시성 싸움   ④ 황산벌 전투

도움말 | 제시된 글은 백제 성왕이 전사한 관산성 전투에 대한 설명이에요.

08 다음 ~ 에 들어갈 내용을 알맞게 연결한 것은 무엇인가요? [✎ ④]

> 신라 진흥왕은 (㉠   )을/를 점령하여 한반도에서 주도권을 잡았고, (㉡   )를 정복하였다. 이러한 활약에는 인재를 양성하기 위해 만든 청소년 단체인 (㉢   )이/가 큰 역할을 하였다.

	㉠	㉡	㉢
①	만주	대가야	화랑도
②	만주	금관가야	철갑기마병
③	한강 유역	대가야	성골
④	한강 유역	대가야	화랑도
⑤	한강 유역	금관가야	철갑기마병

도움말 | 진흥왕의 한강 유역 장악과 대가야 정복에는 화랑도가 큰 역할을 하였어요.

09 을지문덕에 대한 글을 쓸 때 그 제목으로 알맞은 것은 무엇인가요? [✎ ③]

① 백제의 부흥을 꾀하다
② 관산성 전투에서 전사하다
③ 살수 대첩을 승리로 이끌다
④ 황산벌에서 신라군과 싸우다
⑤ 신라를 도와 왜군을 격파하다

도움말 | 고구려의 을지문덕은 살수 대첩을 승리로 이끌었어요.

10 다음 상황을 극복하기 위해 선덕 여왕이 한 일로 알맞은 것은 무엇인가요? [✎ ②]

> 선덕 여왕 시기 신라는 대외적으로 고구려와 백제가 자주 침략하였고, 내부에서는 여자가 왕이 된 것을 못마땅하게 여긴 사람들이 반란을 일으켰다.

① 나당 동맹을 맺었다.
② 황룡사 9층 목탑을 세웠다.
③ 감은사라는 절을 건축하였다.
④ 김유신을 흥무대왕으로 추존하였다.
⑤ 청해진이라는 군사 기지를 만들었다.

도움말 | 선덕 여왕은 국난을 극복하고 왕의 권위를 바로 세우기 위해 황룡사 9층 목탑을 세웠어요.

11 황산벌 싸움에 대한 설명으로 알맞지 <u>않은</u> 것은 무엇인가요? [✎ ①]

① 전투 중에 김유신이 목숨을 잃었다.
② 백제군의 수가 신라군의 수보다 적었다.
③ 관창의 활약에 힘입어 신라가 승리하였다.
④ 초반 네 차례의 전투에서 백제가 승리하였다.
⑤ 계백이 이끄는 군대와 김유신이 이끄는 군대가 벌였다.

도움말 | ① 황산벌 싸움에서 계백이 목숨을 잃었어요.

12 다음 중 검색 결과로 알맞지 <u>않은</u> 것은 무엇인가요? [✎ ②]

① 비담이 일으킨 반란을 진압하였다.
② 진덕 여왕을 이어 신라의 왕이 되었다.
③ 평생 동안 한 번의 전투도 지지 않았다.
④ 금관가야의 왕족 출신 집안에서 태어났다.
⑤ 세상을 떠난 뒤에 흥무대왕으로 추존되었다.

도움말 | ②는 태종 무열왕으로 즉위한 김춘추에 대한 설명이에요.

13 다음에서 설명하는 인물은 누구인가요? [✎ ③]

> • 신라에서 진골 출신 중에 최초로 왕위에 올랐다.
> • 삼국 통일을 위한 전쟁을 일으켰다.
> • 당나라와의 동맹을 성사시켰다.

① 관창   ② 김유신
③ 김춘추   ④ 장보고

도움말 | 최초의 진골 출신 왕인 김춘추는 나당 동맹을 성사시키고 통일 전쟁을 일으켰어요.

14 문무왕 시기에 신라에서 있었던 사실로 알맞지 <u>않은</u> 것은 무엇인가요? [✎ ①]

① 첨성대를 건축하였다.
② 삼국 통일을 완성하였다.
③ 나당 전쟁에서 승리하였다.
④ 고구려 평양성을 함락하였다.
⑤ 백제의 부흥 운동을 진압하였다.

도움말 | ① 첨성대는 선덕 여왕 시기에 건축되었어요.

15 다음에서 설명하는 나라는 어디인지 쓰세요.

• 대조영이 동모산에 성을 쌓고 건국하였다.
• 고구려 계승 의식을 가지고 있었다.
• 중국에서 해동성국이라 불렸다.

✎   발해

도움말 | 대조영이 세운 발해는 고구려 계승 의식을 가지고 있었으며, 중국으로부터 해동성국이라 불렸어요.

16 장보고에 대한 설명으로 알맞은 것은 무엇인가요? [✎ ⑤]

① 신라의 진골 귀족이었다.
② 김유신의 여동생과 결혼하였다.
③ 황산벌 싸움을 승리로 이끌었다.
④ 살수 대첩에서 고구려군을 지휘하였다.
⑤ 청해진을 거점으로 삼아 수군을 육성하였다.

도움말 | 신라의 장보고는 청해진을 거점으로 삼아 수군을 육성하여 해적을 소탕하였어요.

17 다음과 같은 활동을 한 인물은 누구인가요? [✎ ④]

• 당나라 과거 시험에서 장원 급제를 하였다.
• 황소의 난 토벌을 격려하는 글을 지었다.
• 진성 여왕에게 10여 개의 개혁안을 올렸다.

① 계백   ② 견훤
③ 김유신   ④ 최치원

도움말 | 최치원은 당나라에서 활동하다가 신라에 돌아와 진성 여왕에게 10여 개의 개혁안을 올렸어요.

18 다음과 같이 주장한 승려는 누구인가요? [✎ ①]

누구나 나무아미타불만 외우면 부처님께 그 진심을 전하여 극락세계에 갈 수 있지요.

① 원효   ② 의상
③ 의천   ④ 혜초

도움말 | 원효는 누구나 나무아미타불만 외우면 극락세계에 갈 수 있다고 주장하였어요.

19 견훤이 왕건에게 항복한 까닭으로 알맞은 것은 무엇인가요? [✎ ③]

① 신라가 삼국을 통일하였기 때문에
② 고려가 후백제를 멸망시켰기 때문에
③ 신검에 의해 왕위에서 쫓겨났기 때문에
④ 당나라에서 황소의 난이 일어났기 때문에
⑤ 발해가 한반도 북부를 호령하는 강국으로 성장하였기 때문에

도움말 | 신검이 견훤을 왕위에서 쫓아내고 금산사에 유폐하자, 견훤은 고려의 왕건에게 항복하였어요.

20 다음 ㉠, ㉡에 들어갈 나라를 알맞게 연결한 것은 무엇인가요? [✎ ④]

| ㉠ | 견훤이 완산주를 도읍으로 삼아 건국하였다. |
| ㉡ | 궁예가 송악을 도읍으로 삼아 건국하였다. |

   ㉠   ㉡
① 발해   고려
② 발해   후고구려
③ 후백제   고려
④ 후백제   후고구려
⑤ 후고구려   후백제

도움말 | 견훤은 후백제를 세웠고, 궁예는 후고구려를 세웠어요.

memo

memo